拝読 浄土真宗のみ教え

改訂版 布教読本

浄土真宗本願寺派
総合研究所 編

■『拝読　浄土真宗のみ教え（改訂版　布教読本）』発刊にあたって

二〇一四年六月に法統を継承された専如ご門主は、二〇一六年、「伝灯奉告法要」で、ご親教「念仏者の生き方」を示されました。このご親教は、宗門の伝道とさまざまな活動の基本的な方向を示したものといえましょう。

「念仏者の生き方」では、まず釈尊が見抜かれたこの世界のありのままの真実である無常、縁起、無我という仏法の基本的な教えが丁寧に示され、続いて、親鸞聖人が阿弥陀如来の本願名号による救いに出遇われたこと、また、煩悩から離れられない私たちをそのままに救いとってくださる阿弥陀如来の慈悲のありがたさを示され、さらに、阿弥陀如来のご本願を聞かせていただくことで、私たちの生き方が少しずつつくり変えられ、育てられていくことを、『仏説無量寿経』の「少欲知足」や「和顔愛語」という言葉や親鸞聖人のご消息を引いて、具体的に示されています。

さて、『拝読　浄土真宗のみ教え』は、二〇〇九年に発刊されて以来、現在に至るまで、四十万部を超える部数が皆さまの元に届けられ、法事法要の場をはじめ、さまざまな場面で拝読されています。また、『拝読浄土真宗のみ教え（布教読本）』は、その『拝読浄土真宗のみ教え』の内容をさらに詳しく学ぼうとする方々のために、また他方で、布教伝道を志す方々の研鑽に役立つことをめざした資料として、二〇一三年に刊行されたものです。

このような経緯を踏まえ、『拝読　浄土真宗のみ教え』は、引用された親鸞聖人のご消息、「念仏者の生き方」、さらに「念仏者の生き方」の肝要を、若い人やみ教えにあまり親しみがなかった方々むけに四カ条にまとめた「私たちのちかい」を含めて、二〇一九年に改訂されました。その改訂の詳細については、『拝読　浄土真宗のみ教え』（改訂版）巻末の「『拝読浄土真宗のみ教え』改訂にあたって」を参照ください。

特に、『拝読　浄土真宗のみ教え』（改訂版）の「親鸞聖人のことば」には、新たに「阿弥陀仏の薬」が収録されたことから、『拝読　浄土真宗のみ教え（布教読本）』もそれを承けて加筆し、「改訂版」として発刊することになりました。これを機に、この布教読本がいっそう活用されることを期待いたします。

二〇二一（令和三）年三月三十一日

浄土真宗本願寺派総合研究所長　丘山　願海

※なお、『拝読　浄土真宗のみ教え』（改訂版）は、二〇二一（令和三）年の「立教開宗記念法要（春の法要）」におきまして、浄土真宗のご法義の肝要をご親教「浄土真宗のみ教え」としてお示しになられたことから、同年に「浄土真宗のみ教え」を加え、再版されました。

■発刊にあたって～本書の特色～

本書は二〇〇九年に発行された『拝読 浄土真宗のみ教え』を受けて、その内容をより親しみやすく味わうために編集しました。『拝読 浄土真宗のみ教え』は、何度も繰り返し拝読・拝聴していく中で、み教えに出あえたよろこびを深めていただくことが大きな特徴です。その内容については好評の声を多数いただいておりますが、それはご法義の要が凝縮された、拝読用の文章であることからか、「もっと身近な例え話なども交えて、み教えに出あえるような書籍も発刊してほしい」との要望が寄せられました。

また一方で、布教伝道を志す若手布教使の研鑽に資する伝道書籍が必要であるとの要望もありました。特に、み教えに出あうご縁があまりなかった一般の方がたに対して、阿弥陀如来のおこころを身近に感じていただけるようなご法話をすることは、なかなか難しいものです。

本書はこれらの要望を受けて、より多くの方がたにみ教えに出あっていただくためのご縁となるよう、『拝読浄土真宗のみ教え』をさらに広い視点から味わえるような身近な例話を作成、ないしは既刊の法話集から引用し、それらを収録したものです。布教を志す多くの僧侶が、本書を手がかりやヒントとして、法味豊かで親しみやすい法話を作成していただけることを願っています。

二〇一三(平成二十五)年三月二十日

浄土真宗本願寺派総合研究所長　佐々木惠精

■本書の各章の構成

本書は『拝読　浄土真宗のみ教え』に収められている「親鸞聖人のことば」全十六章について、各章毎に最初に「聖典のことば」を掲げ、それをもとに解説と例話をつけています。各章の構成は、以下のとおりです。

〈聖典のことば〉
〈聖典のことば〉出典・解説
〈聖典のことば〉を味わう
例話①〈○○○○〉
例話①とみ教えの関連
例話②〈○○○○〉
例話②とみ教えの関連
例話③〈○○○○〉
例話③とみ教えの関連
例話をうけて
教学的背景の解説

なお、各例話の見出しの下に、その例話が伝えようとしているみ教えのポイントを示しています。これらをもとにして法話を作成するならば、「聖典のことば」がご讃題になるでしょう。そして「〈聖典のことば〉出典・解説」「〈聖典のことば〉を味わう」が、法話の導入や法義説となります。次に法話の展開としての「例話」があり、「例話をうけて」あるいは「教学的背景の解説」が、合《がっ》法《ぽう》に相当します。

■本書の活用方法

本書は、特に若手の布教使が法話を作成するために資する材料として作成されました。ただし、法話の内容や流れ、ボリュームは、それぞれの法座、年忌法要、お通夜など、場面によって違います。そこで、参考までに、活用方法の一例を示しておきます。

例えば、法話の基本的な構成は、讃題・序説（導入）・本説（法義説・譬喩・因縁）・結勧《けっかん》（合法）となります（浄土真宗本願寺派 総合研究所ホームページ「布教伝道の基礎」をご参照ください）。この場合、本書の各章の内容で、それぞれの例話と味わいをヒントにすれば、一座の法話ができると思います。なお、「〈聖典のことば〉出典・解説」や「教学的背景の解説」については、少し教学的に立ち入った内容もあるので、法話では省略してもいいでしょう。しかし、勉強会などでは必要な情報であると思いますので、ぜひご活用ください。

また、十分間ぐらいの法話であれば、讃題を省略し、例話をひとつ取り上げて、自分なりのお話をして、「例話をうけて」を参考に結勧（合法）をするという方法も考えられます。

他にも、例えば、本書において、「凡夫」の章におかれている例話を「人生そのものの問い」をテーマとする法話で用いることも、もちろん可能です。ご自身で、いろいろと工夫をされながら、法話を作成してみてください。

■注意点

本書の内容と流れをそのまま、法話にしてお話することもできますが、できるだけ遠慮していただきたいと思います。やはり、ご自分の体験にもとづいたオリジナリティのある法話を作成していただくことがベストです。

ところで本書の各々の例話の性格は、およそ次の三つに分類できます。なお、各章に三つの例話が置かれていますが、その三つが、この①②③に対応しているわけではありません。

①お聖教にある譬喩をもとにしたもの
②歴史的な出来事や物語・伝承にもとづくもの
③個人の体験にもとづくもの

このうち、①お聖教にある譬喩をもとにしたものについていえば、本書に収められた例話は、少しアレンジをしていることからも、ご自身で出典を確認することをおすすめします。お聖教本来の意味をしっかりと確認したうえで、法話を作成するほうが、きっと自分の身についた話になると思われます。

また、②歴史的な出来事や物語・伝承にもとづくものは、本書では紙面の都合からも細部を割愛して、コンパクトにまとめたものを例話として掲載しているものもあります。ですから、これもご自身で調べてから、話をふくらませるなどして、法話を作成したほうがいいでしょう。

最後に、③個人的な体験をもとにした例話はとくに、そのまま使用することは、あまりお勧めしません。話し手自身の実体験とかけ離れた話になると、聞き手には何も響かないからです。したがって、そのような例話については、それをヒントとして、ご自分なりのアイデアを加えたり、コンセプトを再構成したりするなどして、ご自身の体験に引き寄せて、話を作成するなどの工夫をお願いします。

こうした工夫は必ず必要です。ご自分なりのアレンジを加えて、より臨場感のあるものにしていただければ、より味わい豊かな法話ができていくのではないでしょうか。

目次

人生そのものの問い

人生《じんせい》そのものの問《と》い

日々《ひび》の暮《く》らしのなかで、人間関係《にんげんかんけい》に疲《つか》れた時《とき》、自分《じぶん》や家族《かぞく》が大《おお》きな病気《びょうき》になった時《とき》、身近《みぢか》な方《かた》が亡《な》くなった時《とき》、「人生《じんせい》そのものの問《と》い」が起《お》こる。「いったい何《なん》のために生《い》きているのか」「死《し》んだらどうなるのか」。

この問《と》いには、人間《にんげん》の知識《ちしき》は答《こた》えを示《しめ》せず、積《つ》み上《あ》げてきた経験《けいけん》も役《やく》には立《た》たない。

目《め》の前《まえ》に人生《じんせい》の深《ふか》い闇《やみ》が口《くち》を開《あ》け、不安《ふあん》のなかでたじろぐ時《とき》、阿弥陀如来《あみだにょらい》の願《ねが》いが聞《き》こえてくる。

親鸞聖人《しんらんしょうにん》は仰《おお》せになる。

弥陀《みだ》の誓願《せいがん》は無明《むみょう》 長夜《じょうや》のおほ(お)きなるともしびなり

「必《かなら》ずあなたを救《すく》いとる」という如来《にょらい》の本願《ほんがん》は、煩悩《ぼんのう》の闇《やみ》に惑《まど》う人生《じんせい》の大《おお》いなる灯火《ともしび》となる。この灯火《ともしび》をたよりとする時《とき》、「何《なん》のために生《い》きているのか」「死《し》んだらどうなるのか」、この問《と》いに確《たし》かな答《こた》えが与《あた》えられる。

〈聖典のことば〉

「誠知《じょうち》無明《むみょう》長夜《じょうや》之《し》大灯炬《だいとうこ》也《や》何《が》悲《ひ》智眼《ちげん》闇《あん》」といふは、「誠知《じょうち》」はまことにしりぬといふ。**弥陀《みだ》の誓《せい》願《がん》は無明《むみょう》長夜《じょうや》のおほきなるともしびなり。**なんぞ智慧《ちえ》のまなこ闇《くら》しと悲《かな》しまんやとおもへとなり。「生死《しょうじ》大海《だいかい》之《し》大船《だいせん》筏《ばつ》也《や》豈《き》煩業《ぼんごつ》障重《しょうじゅう》」といふは、弥陀《みだ》の願力《がんりき》は生死大海《しょうじだいかい》のおほきなる船《ふね》・筏《いかだ》なり。極悪深重《ごくあくじんじゅう》の身《み》なりとなげくべからずとのたまへるなり。

『尊号真像銘文』（『註釈版聖典』六六九―六七〇頁）

▼出典

解説

これは、親鸞聖人が『尊号真像銘文』において、聖覚法印《せいかくほういん》の銘文を解説されたものです。聖覚法印とは、親鸞聖人の法兄で、藤原通憲《ふじわらのみちのり》の孫にあたります。唱導師《しょうどうし》（説教師）としても著名で、専修《せんじゅ》念仏の教えをひろめました。この場合の「法印」とは僧位のひとつです。

さて、本書は親鸞聖人が、その当時に本尊として安置された名号や祖師の絵像の讃文を集め、その内容を解説されたものです。

また『正像末和讃』には、

無明《むみょう》長夜《じょうや》の灯炬《とうこ》なり

智眼《ちげん》くらしとかなしむな
生死大海《しょうじだいかい》の船筏《せんばつ》なり
罪障《ざいしょう》おもしとなげかざれ

（『註釈版聖典』六〇六頁）

と阿弥陀如来の救いを讃嘆されています。

▼現代語

「誠知無明長夜之大灯炬也何悲智眼闇」というのは、「誠知」とは、本当に知ることができたということである。阿弥陀仏の誓願は無明煩悩の暗く長い夜を照らす大きな灯火《ともしび》なのであり、智慧の眼が暗く閉ざされているなどと悲しむことは少しもないと思えというのである。「生死大海之大船筏也豈煩業障重」というのは、阿弥陀仏の本願のはたらきは迷いの大海を渡す大きな船《ふね》・筏《いかだ》なのであり、きわめて深く重い罪悪をそなえた身であると嘆くことはないといわれているのである。

（『尊号真像銘文（現代語版）』五一―五二頁）

〝智慧のともしび〟を味わう

私たちは、人生において大きな壁にぶつかった時、「何のために生きているのか」「死んだらどうなるのか」「亡くなったあの人はどうなってしまったのか」とさまざまに思いをめぐらせてしまいます。不安の中で、この悩みは解消されるのだろうか、夜明けは来るのだろうか、と心の中に闇がひろがります。まさに底知れぬ闇です。こうした究極的な問い、宗教的な問いは、人間の知識や経験では解決しようがありません。

そうした闇に灯火となって、はたらかれているのが阿弥陀さまです。阿弥陀さまは、私たちに仏さまのような智慧がないからといって悲しむ必要はない、深い罪業で救われないのではないかと考える必要はない、とはたらきかけてくださっています。

例話 1

宗教の救い～チョコレートパフェを食べると～

ポイント 根本苦

みなさんは、チョコレートパフェを食べたことはあるでしょうか。私は甘いものが大好きなので、パフェは大好きです。これを口にするひとときは、とても幸せな気持ちになります。バナナやイチゴなどのフルーツ、とってもおいしいですね。クリームやチョコレート、とっても甘いですね。

甘いものが好きな人にとっては、ほんとにおいしくいただくことができて、とても幸せな時間が過ごせます。ところが私はいつも、どうしてもひとつだけ困ってしまうことがあります。それは、最後の最後にグラスの底にクリームが残ってしまうことです。

チョコレートパフェを最初は「おいしい、おいしい」といただくことができます。これと同じように、人生のなかでものごとがうまく運んでいる時は、楽しくて仕方がありません。しかし、チョコレートパフェがだんだん残り少なくなっていくのと同じように、楽しい時間の終わりが近づくにつれて、なんとなく寂しい気持ちになったりしませんか。そして、最後の最後、このクリームを何とかして掬《すく》い取りたいのに、どうしても掬えない。こんな時、とてももどかしい気持ちになるのは、私だけでしょうか。どうにもならないことはわかっていても、何とかしたいという気持ち、生きていくうえで、出てくることがありませんか。あきらめたほうがいいとわかっていても、どうしてもあきらめきれないこと。このように生きていくうえで、自分ひとりではどうしようもない部分、根本的な苦しみに必ず出あいます。これを解決しようとするはたらきが、宗教の救いなのです。

〈例話①〉とみ教えの関連……………………

お釈迦さまは、人生が「一切皆苦《いっさいかいく》」であると説かれました。私たちは、自分が苦しい時「どうして自分だけがこんなことに……」と考えてしまいます。苦しみの大きさや深さをくらべることはできませんが、みなそれぞれに人生に苦しみはあるでしょう。仏教が説いている苦しみの代表的なものに、四苦八苦というものがあります。この八苦とは、生老病死の四苦に、愛別離苦《あいべつりく》（愛しい人と別れなければならない苦しみ）、怨憎会苦《おんぞうえく》（憎い人と会わねばならない苦しみ）、求不得苦《ぐふとくく》（求めても得られない苦しみ）、五陰盛苦《ごうんじょうく》（思うようにならない身心に煩《わずら》わされる苦しみ）を加えた八苦です。

人生が順風満帆に進んでいる時が、パフェをおいしく食べている時です。ところが、そんな時期があったとしても、必ず思い通りにならないことに直面します。若くて元気だった時は、思い通りに体が動いたのに、年をとったり、病気になったりすると、思うようなことができなくなります。そして生まれたからには死は避けられませんが、それがいつやってくるのかはわかりません。人はいつか必ず死ぬということは、愛しい人との別れが必ずやってくるということです。

こうした苦しみに直面するなかで、お釈迦さまは、私たちが苦しみを感じてしまう原因を探求されました。私たちは、苦しみの原因をつい自分を取りまく周囲の環境にあると考えますが、じつは苦しみの原因は、この私の煩悩にあったのです。こうして煩悩のせいで、闇に迷うのが私たちのありさまです。しかしこのように煩悩の闇に惑う私たちに、何とかして救いを与えようと、いまここではたらいておられるのが、阿弥陀如来でありました。

例話 2

黒白二鼠のたとえ～甘い蜜～

ポイント

生死無常

昔、ある男が罪を犯し、広い野原を逃げていました。すると、後ろから王さまが放ったゾウが追いかけてきます。あわてて男は、まわりを見わたしますが、身を隠すところがありません。必死で逃げまどっていると、井戸があるのを見つけました。しかも井戸につる草が垂れ下がっています。それをつたって、井戸の中に身を潜めることにしました。

しかしほっとするのも束の間、目の前に黒と白の二匹の鼠《ねずみ》が出てきて、かわるがわるにつる草をかじっています。下を見れば古井戸の底で、一匹の大きな龍が口をこちらに向けています。このつる草が切れると、命はないことはいうまでもありません。さらに、四匹の毒ヘビが井戸の四辺にいて、男の落ちてくるのを待ち受けています。このままでは確実に細いつる草はちぎれて、龍や蛇に食べられてしまいます。男は恐怖に身を震わせていました。その時、ミツバチの巣から甘い蜜が五滴、口のなかに堕ちてきました。そのなんとも言えない蜜の甘さに心が奪われ、もっと甘い蜜をなめたいと思って、体を伸ばすのですが、つる草がいまにも切れそうになっています。

このたとえは、まさに私たちの命の危機的な状況をあらわしています。にもかかわらず、男は甘い蜜の誘惑に負けているのです。このたとえ話を他人事だと思う人もいるかもしれません。けれども生死無常の風は、どこか遠くで吹いているのではなく、いつでも私のまわりに吹いているのです。

【参　考】『仏説譬喩経』（『大正新脩大蔵経』第四巻　八〇一頁中～下）、
『衆経撰雑譬喩』（『同』五三三頁上～中）

〈例話②〉とみ教えの関連

ここに出てくる広い野原とは私たちの永い迷いをたとえています。私たちは、この広い野原をあてもなくさまよっているのでしょう。そして、多くの人はこの迷いに気づかずにすごしているのかもしれません。あるいは、迷いを見ないようにして、生活をおくっているのかもしれません。そういう状況のなか、ゾウは無常が襲ってくることをたとえています。そして、井戸は人生をあらわし、つる草は、はかないいのちをたとえています。黒白の二匹の鼠は昼と夜をたとえ、私のいのちが徐々に終わりに近づいていることを示しているのです。ふりかえってみれば、あっという間に毎日がすぎていくことをあらわしています。

井戸の周りの四匹の蛇は地・水・火・風の四大を、五滴の蜜は色・声・香・味・所触の五欲をたとえています。ミツバチはよこしまな思いをたとえています。そして龍は死をたとえています。

このたとえは、私たちは死を目前にしながらも、それを見ないようにして、目の前の欲におぼれてしまうことを伝えようとしています。いつまでもこのままの状態が続くように思っているのは錯覚であると教えてくれます。ですから世間の楽に心奪われることなく、つねに生死無常のことわりに思いをいたして、苦悩の解決を求めていかなければならないのです。

例話3

小林一茶の悲哀

ポイント

愛別離苦

有名な江戸時代の俳人、小林一茶は苦労を重ねた生涯を送りました。生後一カ月の長男、生後一年の長女を亡くしています。さらに、次男、三男が亡くなり、妻とも死別します。本当に辛い別れがつづきます。このような厳しい人生の別れを体験しながら、一茶は浄土真宗のみ教えに深く帰依《きえ》していきます。

有名な『おらが春』の最後の句は、

ともかくも　あなたまかせの　年の暮

です。この句には、いろいろな苦しみや別れを体験した中で、すべてを阿弥陀さま（あなた）の本願力にまかせきっていくという思いがあらわれています。この「まかせる」ということは、何もかもなげやりにして無気力になることではありません。厳しい生死の現実に向きあわねばならない人生を阿弥陀さまの本願力に生かされる身であることをあらわしています。

この世に変化しないものなど存在しません。それは、私の周囲や私自身についてのことでもあります。私たちは、その変化によって起こる厳しい現実に向かい合わなければなりません。そこには、一茶のように死別・離別などの大きな苦しみや悲しみが待っているのかもしれません。阿弥陀さまは、私たちが目の前の現実をなかなか受けいれることができずに、悲しみにくれ、苦しみにもだえる気持ちをやさしく、あたたかくつつみこんでくださる仏さまです。苦難に沈んでいる時にこそ、阿弥陀さまは、「われにまかせよ」と力強く、そしてやさしくよびかけてくださっているのです。その大いなる心に出あうことで、私たちは生かされていくのではないでしょうか。

〈例話③〉とみ教えの関連……………………

例話①のところに書いてあるとおり、仏教が説く苦しみの一つに愛別離苦という苦しみがあります。愛別離苦とは、愛する人、愛しい人との別離の苦しみです。大切な人の死は、場合によっては、自分の死よりも、つらく苦しいものです。覚如《かくにょ》上人の『口伝鈔』第十八条は、冒頭に「愛する人との別離という苦に出あって、悲しみ嘆いている人には、仏法の薬を勧めて、その悲しみにふさがれた心を教え導くべきである」と述べたうえで、次のように教示されます。

人間《にんげん》の八苦《はっく》のなかに、さきにいふところの愛別離苦《あいべつりく》、これもつとも切《せつ》なり。まづ生死《しょうじ》界《かい》のすみはつべからざることわりをのべて、つぎに安養界《あんにょうかい》の常住《じょうじゅう》なるありさまを説《と》きて、うれへなげくばかりにて、うれへなげかぬ浄土《じょうど》をねがはずんば、未来《みらい》もまたかかる悲歎《ひたん》にあふべし。

（『註釈版聖典』九〇七頁）

ここで覚如上人は、人として生まれてきたからには避けることのできない愛別離苦の悲しみは、もっとも切実であるといわれます。そのような苦に出あって、悲しんでいる人には、まず人間界は、生まれてきたかぎりはかならず死なねばならない境界であって、いつまでも住み続けることはできないという道理を説きなさいと示されます。つぎに安養の浄土は常住不変で安らかな境地であることを説き聞かせなさいと勧められます。そして、浄土を願わなければ、未来もこのような悲嘆に遭わなければなりません。この言葉に続けて、悲嘆にくれている人に対しては、悲しみに悲しみをそえるようなことがあってはならないとたしなめられます。

別離の悲しみに沈んでいる人に対して、その悲しみをともに悼み、慈しみのこころで寄り添ってくださる阿弥陀如来の深い慈悲のお心がそそがれています。

例話をうけて

人生は苦しみの連続です。それをお釈迦さまは「一切皆苦」と教えられます。もちろん生きていくなかで、楽しいことやうれしいこともあるでしょう。しかし、それがずっと続く人生はなかなかないのではないでしょうか。たとえ一時の楽があったとしても、それが苦に転じることもあります。あらためて考えてみると、人生は、思い通りになることはほとんどなく、思い通りにならないことばかりです。

私たちの心を煩わせ、悩ませる煩悩がなくなれば、苦しみを感じることもないのでしょう。少し言い方をかえれば、こうした苦しみの現実をすんなりと受け入れることができたならば、あるいは苦しみを乗りこえる強い力があったならば、それほど苦しまないのかもしれません。しかし、そうはいかないのが私たちです。あきらめることができれば、苦しみはなくなるのかもしれませんが、あきらめきれないこともたくさんあるのではないのでしょうか。自分の死に直面した時、あるいは大切な存在を失った時、「無明長夜」と表現されるような、深い闇が目の前に広がっていきます。

しかし、このどうにもならない人生を根底から支えてくださっているのが阿弥陀さまです。この真っ暗闇に一点の灯火となるのが阿弥陀さまの大悲のこころです。その灯火が確かな依《よ》りどころとなる時、「煩悩の闇に惑う人生の大いなる灯火」となることでしょう。

仮に私が灯火に気づかずに、ひとり孤独を感じて闇をさまよっていたように思っていても、じつは阿弥陀さまはずっと寄り添ってくださっていたのです。

阿弥陀如来は、このような無常に直面し悲嘆にくれる私を、慈悲の心をもって、あたかもひとり子を見守る親のように見ておいでです。そして、厳しい現実を安心してこの人生を歩めるように、つねに私のそばで苦しみを背負いつつ、ともに歩んでいてくださったのでした。お念仏による救いは、決して変わることのない、常住の法だからこそ、無常である私を常に変わらずに支えてくださる、私の人生の依りどころとなるのです。

教学的背景の解説

仏教とは、いまからおよそ二千五百年前に、釈尊が私たちの苦しみを根本的に解決することを示された教えです。釈尊は、釈迦族の王子としてうまれ、何不自由のない生活を送っていましたが、どれほど物質的な豊かさがあっても、老いていき、病にかかり、死んでいかねばならない苦しみからは逃れられないと気づかれました。この苦しみの原因は、煩悩であり、それが滅した状態が、さとりです。この苦しみの原因を滅していく実践が、八正道《はっしょうどう》などの仏道修行です。ちなみに八正道とは、さとりに至るための八種の正しい行法のことで、正しく見ること（正見）を根本として、そのうえで正しく考えることなどの七つの項目（正思惟、正語、正業、正命、正精進、正念、正定）が続きます。

ところが親鸞聖人の立場は少し異なります。それは、私たちは煩悩を滅することができないという立場にたたれたことです。「正信偈」に「煩悩《ぼんのう》を断《だん》ぜずして涅槃《ねはん》を得《う》るなり」（『註釈版聖典』二〇三頁）とあるように、浄土真宗は、みずからの修行によって煩悩を滅することが求められているのではなく、この私の心の奥底に根付く煩悩に気づかされていく教えです。みずからの煩悩に気づくことができたのは、法に照らされているからこそであり、そこにはすでに救いの法が届いているのです。救いの法が届いているとはいえ、煩悩がなくなるわけではありません。いまここで煩悩を断つことができなくとも、阿弥陀如来によって救いが届けられ、そしてこの世の命を終える時に、阿弥陀如来のはたらきによってさとりを得ることができるのです。

煩悩がとめどなく湧いてくるのが、この私のすがたでありました。それゆえに苦しみもまた、つきることはありません。しかし、この苦しみをともに背負い、支えていこうとされている阿弥陀如来がおられます。その阿弥陀如来の大いなる智慧と慈悲が、無明長夜の確かな灯火となるのです。親鸞聖人は、『正像末和讃』に次のように讃嘆されます。

無明《むみょう》長夜《じょうや》の灯炬《とうこ》なり
智眼《ちげん》くらしとかなしむな
生死《しょうじ》大海《だいかい》の船筏《せんばつ》なり
罪障《ざいしょう》おもしとなげかざれ

（『註釈版聖典』六〇六頁）

親鸞聖人による「灯炬」についての註釈によれば、「灯」とは「常の灯火」であり、「炬」は「大きなる灯火」です。阿弥陀如来は、煩悩の闇のなかに、決して消えることのない大きな灯火となってくださっているのです。この灯火があるのですから、私たちに仏さまのような智慧がないと悲しむ必要はないのです。

和讃の後半では、如来の大悲が、迷いの海をわたる船や筏《いかだ》にたとえられています。阿弥陀如来は、私たちが、ひとり迷いの海に投げだされたならば、そこを泳ぎ切る力はないと見抜かれました。だからこそ、この生死の大海原で、ただ沈むほかない私を大きな船に乗せてくださるのです。如来の広大な救いは、私たちの罪業がどれほど深く重かったとしても、それがさまたげとなることはありません。ですから、深い罪業のせいで救われないのではないかと卑下する必要もないのです。

本願の救いに出あえば、悲しみや苦しみの中に、「お浄土がある」「この私のために阿弥陀さまがいてくださる」という新たな世界が開けてきます。ここに、苦しみもがくしかなかった人生の中で、本願に出あうという「確かな答え」が与えられるのです。

凡夫

凡《ぼん》夫《ぶ》

親鸞聖人《しんらんしょうにん》は仰《おお》せになる。

凡《ぼん》夫《ぶ》といふ(う)は　無明煩悩《むみょうぼんのう》われらが身《み》にみちみちて　欲《よく》もおほ(お)く　いかり　はらだち　そねみ　ねたむこころおほ(お)くひまなくして　臨終《りんじゅう》の一念《いちねん》にいたるまで　とどまらず　きえず　たえず

凡《ぼん》夫《ぶ》は、命終《いのちお》わるその瞬間《しゅんかん》まで、煩悩《ぼんのう》から離《はな》れられないものを言《い》う。すべてのことを私《わたくし》中心《ちゅうしん》にみて争《あらそ》いをおこし、欲望《よくぼう》・怒《いか》り・妬《ねた》みに、心《こころ》と身体《からだ》を悩《なや》ませ苦《くる》しみ続《つづ》ける。仏法《ぶっぽう》に出《で》あうとき、煩悩《ぼんのう》に満《み》ちみちている凡夫《ぼんぶ》は、他《ほか》の誰《だれ》のことでもなく、この私《わたくし》のことと気《き》づかされる。念仏申《ねんぶつもう》すひぐらしの中《なか》に、ありのままの私《わたくし》の姿《すがた》を見《み》せていただく。

〈聖典のことば〉

「凡夫《ぼんぶ》」といふは、無明《むみょう》煩悩《ぼんのう》われらが身《み》にみちみちて、欲《よく》もおほく、いかり、はらだち、そねみ、ねたむこころおほくひまなくして、臨終《りんじゅう》の一念《いちねん》にいたるまで、とどまらず、きえず、たえずと、水火二河《すいかにが》のたとへにあらはれたり。かかるあさましきわれら、願力《がんりき》の白道《びゃくどう》を一分二分《いちぶんにぶん》やうやうづつあゆみゆけば、無礙光仏《むげこうぶつ》のひかりの御《おん》こころにをさめとりたまふがゆゑに、かならず安楽浄土《あんらくじょう ど》へいたれば、弥陀如来《みだにょらい》とおなじく、かの正覚《しょうがく》の華《はな》に化生《けしょう》して大般涅槃《だいはつねはん》のさとりをひらかしむるをむねとせしむべしとなり。

『一念多念文意』（『註釈版聖典』六九三頁）

▼出典
解説

このご文は、『一念多念文意』にあります。本書はまた『一念多念証文』『一多証文』『証文』とも称されます。

この『一念多念文意』の内容は、法然門下におこった一念多念の論争に対して、一念（一声の念仏）や多念（数多くの念仏）に偏執してはならないと諭されるものです。

ここには、凡夫が無明煩悩に満ちている存在であったとしても、願力によって、必ず浄土に往生して、さとりをひらくことが示されています。

▼現代語

「凡夫」というのは、わたしどもの身には無明煩悩が満ちみちており、欲望も多く、怒りや腹立ちやそねみやねたみの心ばかりが絶え間なく起り、まさに命が終わろうとするそのときまで、止まることもなく、消えることもなく、絶えることもないと、水火二河の譬《たと》えに示されている通りである。このような嘆かわしいわたしどもも、二河にはさまれた一すじの白道すなわち本願のはたらきの中を一歩二歩と少しずつ歩いていくなら、無礙光仏と示された光明のお心に摂め取ってくださるから、必ず浄土に往生することができる。そうすれば、浄土のさとりの花に生れ、阿弥陀如来と同じく、この上ないさとりを開かせていただくのである。このことを根本としなさいというのである。

（『一念多念文意（現代語版）』三七―三八頁）

〃煩悩を断ぜずしての救い〃を味わう

凡夫とは、たとえ信心をいただいたとしても、そこで煩悩がなくなるわけではありません。私たちは、真理に暗く、無明のなかで、煩悩によって苦しまされます。私たちのような凡夫は、煩悩に満ちみちた存在であって、この命終えるまで、欲もあれば、怒ることもあり、他の人を妬むこころをもち、そのせいで苦しんでしまいます。私たちの煩悩は、際限なく湧き起こってきます。日ごろ、おだやかな気持ちで生活を送っているつもりでも、条件や状況によって、腹が立ったりするものです。しかし、そうした凡夫こそが阿弥陀如来の救いの目当てであり、こ

――のようなあさましい存在が、煩悩を断ち切らずとも救われていく教えが、浄土真宗です。

例話 1

つい腹を立ててしまう

ポイント

三毒の煩悩 ～貪欲・瞋恚・愚痴～

友人からこんな話を聞きました。彼は、「自分は仏法を聞いているから、他の人とくらべて煩悩も少なく、昔の自分とくらべて性格もおだやかになったはず」と思っていたそうです。ところがある日、友人から「あなたはすぐに腹を立てるよね」と指摘されて、思わず「そんなことはない」と腹を立ててしまったそうです。後になってそれに気づいて、自分の煩悩の根深さを考えさせられたというのです。そこで、その人は翌日、自分にはどれほどの煩悩があるのかを注意深く観察しながら生活をしてみました。

結果はこうでした。まず、朝起きるときには「もう少し寝ていたい」という自分がいます。そして二度寝をしたそうです。案の定、寝坊。それを奥さんのせいにして「なんで起こしてくれないんだ」と怒りをぶつけます。言葉には出しませんが「以前は起こしてくれたのにな……」と思っています。そして慌ただしい朝の食事となり、そこに感謝の気持ちもありません。いざ、出勤しようとすると「なんで朝からこんなに暑いのか」と腹を立てています。道路が渋滞すると、愚痴《ぐち》をこぼします。出勤しても、自分がイライラしているものですから、まわりの人のミスや欠点ばかりが目に付きます。仕事も思い通りにはかどらず、部下に八つ当たりです。昼食をとりながら、ふと我に返って、これまでの行いをふり返ると、恥ずかしくて仕方がなかったそうです。

この話を聞いて、みなさんはどう感じたでしょうか。自分のほうがましだと思われたでしょうか。日頃の自分のすがたをふり返ってみたら、はたしてどんなこころが見えてくるでしょうか。

〈例話①〉とみ教えの関連

煩悩とは、身と心を煩わせ、悩ませる心のはたらきのことです。この煩悩によって、私たちは苦しみを生み出しているのです。

一般に煩悩は百八つあるといわれています。ここから、私たちの煩悩には限りがないことが知らされます。その中、根元的な煩悩として、「貪欲《とんよく》」「瞋恚《しんに》」「愚痴」の三つがあります。貪欲は「むさぼり」、瞋恚は「いかり」、愚痴は「愚かで真理を知らないこと」です。愚痴の「痴」という文字は「知る」という文字に「やまいだれ」がついたものです。一般にいう「グチ」が、なぜこぼれるのかを考えると、目の前の現実を正しく知らず、それを受け入れることもできていないからです。それで「なんでこうなるんだ」「なんで自分だけが……」と嘆いてしまうのでしょう。

例話 2

鬼は内～私の中に鬼がいる～

ポイント

怨憎会苦

ご存じのように、浄土真宗のお寺では、節分に豆まきはしません。ですから、みなさんはあまり興味がないかもしれませんが、豆まきのかけ声には何種類もあるとのことです。

豆まきのかけ声といえば、「鬼は外、福は内」というものを真っ先に思い浮かべますが、それだけでなく、「鬼は内」というかけ声もあるそうです。それは、とくに鬼を祭神または神の使いとしている神社などで用いられます。この「鬼は内」という言葉が入るかけ声として、他にも「鬼は内、福は外」「福は内、鬼は内」といろいろとあるようです。

この「鬼は内、福は外」というかけ声の意味は、「やっかいなことは自分が引き受ける。幸せは、どうぞ他の人のところへお行きください」という意味があるとのことです。他には、「鬼は内」を「私のこころの中にあるくせ者をしっかりと見つめましょう」と解釈することもあるようです。

「わが身に鬼がいる」。これは浄土真宗のみ教えにも通じそうです。妙好人の才市さんが、肖像画を描いてもらった時に「この絵は私に似ていない。なぜなら角がないからだ」といって、角を書き足してもらったというのは、有名な話です。鬼のようなこの私の煩悩は、なかなかなくなることはありません。

〈例話②〉とみ教えの関連

仏教が教える四苦八苦のうちのひとつに「怨憎会苦《おんぞうえく》」という苦しみがあります。意味は、文字通り、「怨《うら》めしい人、憎い人と会わなければならない苦しみ」です。多くの場合、人を憎んでしまうのは、相手が悪いと思いがちですが、お釈迦さまは、この苦しみが生じる原因は、私の自己中心的な煩悩にあると教えられます。つまり、憎い人がいると思って相手のせいにする前に、この私のこころの中に「憎いと思うこころがある」と自省しなさいとの教えです。「鬼は内」という言葉からも、そのことを味わえます。

そうはいっても、思い通りにならないことが多い世の中ですから、なかなか「憎いと思うこころ」が尽きることはないのかもしれません。

例話3

つい比較してしまう性分

ポイント

煩悩

私たちは、つい、自分と他人を比較して、うらやましがったり、ねたんだりするものです。友人たちとの何気ない会話の中で、こんな言葉を耳にしたことが記憶に残っています。

「あいつの奥さんはいいなあ。だってやさしそうだから」

「昔はよかったよ。体力があったからね」

他人や過去の自分とくらべて、苦しんでいるすがたです。

また、他人から自分と他の誰かをくらべられて、嫌な思いをすることもあります。「あなたのお兄さんは社交的な人柄なのに、どうしてあなたはそんなに無愛想なの？」

思えば、私たちは、何か・誰かと比較をして、そこに優劣をつけ、それによって苦しんでいるのかもしれません。目の前の現実をなかなか受けいれることができずに苦しんでいるのが、凡夫のすがたです。このことに気づき、少し冷静になって見つめることができれば、苦しみの状況が変わらなくとも、苦しみの気持ちが落ち着いてくるかもしれません。あるいは、この苦しみをよくわかってくれる人がいることで、苦しみの気持ちがやわらぐかもしれません。こんな歌を聞いたことがあります。

池の鯉　色それぞれにうるわしい　驕《おご》りもせず　羨《うらや》みもせず

（朝枝暁範著『お聴聞のよろこび』探究社　四二頁）

こうありたいものですが、煩悩がとめどなく湧いてくる私たちは、なかなかそういう境地には至れないのかもしれません。阿弥陀さまは、こうした私たちに対して、「煩悩を捨てなさいよ」と諭すのではなく、一人ひとりをそのままにわけへだてなく見てくださいます。そのおすがたにわが身を知らされることでしょう。

〈例話③〉とみ教えの関連……………………

仏教の四苦八苦のひとつに「求不得苦《ぐふとくく》」という苦しみがあります。「求めても得られない苦しみ」です。求めても手に入らない時、私たちは苦しみを感じてしまいます。手に入らないとわかっていても、つい求める心が生じてくるのが、私たちの本性です。他人をうらやましがるのも、求める心です。また、仮に求めたものが手に入ったとしても、また次に欲しいものができたり、あるいは手に入れたものに執着するのが私たちのありようです。

『仏説無量寿経（大経）』に次のようにあります。

田《た》あれば田《た》に憂《うれ》へ、宅《いえ》あれば宅《いえ》に憂《うれ》ふ。……田《た》なければ、また憂《うれ》へて田《た》あらんことを欲《おも》ふ。宅《いえ》なければまた憂《うれ》へて宅《いえ》あらんことを欲《おも》ふ。

（『註釈版聖典』五四—五五頁）

【現代語】

田があれば田に悩み、家があれば家に悩む。……田がなければ田が欲しいと悩み、家がなければ家が欲しいと悩む。

（『浄土三部経（現代語版）』九六—九七頁）

このように、私たちは、あればあったでそれを失うことを心配し、なければないで欲しがっているのではないでしょうか。私たちは自分が置かれている現状に満足できず、求めつづけることで、みずから苦しみを招いているのかもしれません。また、自分がいま所有しているものを手放したくない思いによって、心が落ち着くことがないのかもしれません。厳しい言い方をすれば、この世のいのちを終えるとき、何も持っていくことはできません。すべてを置いていかねばなりません。目の前の現実をしっかりと見つめて、それを受けいれることができればいいのでしょうが、それがなかなかできないのが、凡夫のありようなのでしょう。

例話をうけて

私たちの苦しみの原因は、煩悩です。人は何かと苦しみを他人や周囲の環境のせいにしがちですが、仏教ではその原因を自分のこころに求めます。この煩悩を断ち切ることができれば、苦しみは生じてこないのかもしれません。ところが、それを断ち切ることができずに苦しんでしまうのが、私たちのありようです。むさぼりやいかり、そして愚かさを断ち切れずに苦しんでいるのが、私たちのすがたです。

人間の煩悩には際限がありませんので、何かを得れば、つい、また新しい何かを求めてしまいます。また、他人と比較をしてしまうのはよくないとわかっていても、つい無意識のうちに比較してしまうのが、私たちのこころです。そして自己中心的な心を捨てることができないのが、私たち凡夫のすがたです。「今日は旅行に行くのに、どうして雨がふるのだ」と腹を立てている自分がいる一方で、一雨ふってほしかった農家の人や草木にとっては、恵みの雨となっているのかもしれません。

しかし、こうした煩悩によって苦しみ、悩む人をそのままに照らし、やさしい光でつつんでくださるのが、阿弥陀如来の光明です。この阿弥陀如来の光明に照らされて、真実信心をいただいた人は、凡夫に変わりはありませんが、そこに如来の真実が至りとどいているという意味で、ただの凡夫ではないという側面もあります。親鸞聖人は、『入出二門偈』に、

煩悩《ぼんのう》を具足《ぐそく》せる凡夫人《ぼんぶにん》、仏願力《ぶつがんりき》によりて信《しん》を獲得《ぎゃくとく》す。
この人《ひと》はすなはち凡数《ぼんじゅ》の摂《しょう》にあらず、これは人中《にんちゅう》の分陀利華《ふんだりけ》なり。

（『註釈版聖典』五五〇頁）

【現代語】

煩悩をそなえた凡夫が、仏の本願のはたらきによって信心を得る。
この人はただの愚かな凡夫ではなく、泥の中に咲く白い蓮の花のような人なのである。

（『浄土文類聚鈔・入出二門偈（現代語版）』五九頁）

と真実信心の行者をほめたたえています。

教学的背景の解説

〈聖典のことば〉の『一念多念文意』のご文は、善導大師の『法事讃』にある「致使凡夫念即生《ちしぼんぶねんそくしょう》（凡夫念ずればすなはち生ぜしむることを致す）」（『註釈版聖典』六九二頁。書き下しは「化身土文類」『同』三九八頁の訓による）について、親鸞聖人が註釈をほどこされたものです。凡夫が如来の本願をふたごころなく念ずれば、ただちに正定聚の位に定まり、間違いなく浄土に往生するという趣旨のご教示です。

仏典には、凡夫の代表的な事例として、いわゆる「王舎城の悲劇」（『仏説観無量寿経』、『涅槃経』、善導大師の『観経疏』「序分義」を参照）として知られる韋提希夫人《いだいけぶにん》や阿闍世王《あじゃせおう》のことが説かれます。韋提希夫人は、過去の行為をすっかり棚に上げて、釈尊に「世尊、わたしはこれまでに何の罪があって、このような悪い子を生んだのでしょうか」（『浄土三部経（現代語版）』一六一頁）と悲嘆し、憂いや悩みのない世界にいきたいと懇願します。阿闍世王子は、母を殺そうとし、それは諫《いさ》められて思いとどまりますが、父王を結果的に餓死に追いやります。時代背景は違っていても私たちの日常をふりかえると、韋提希や阿闍世の思いや行為は、決して他人事ではありません。みずからを顧みることもなく、人を非難するということなど、まったくないと言いきれるでしょうか。

仏法の光に照らされれば、そこにあった闇がだんだんとはれてきます。しかしそうなると同時に、光のおかげで、むしろ私の影が見えてきます。そこで煩悩に満ちみちた凡夫とは、私のことであったと気づかされます。

『一念多念文意』のご教示にもあったように、このようにあさましい限りの凡夫ではありますが、本願を信じて、本願力の白道を少しずつ歩んでいくならば、無礙光仏（阿弥陀如来）の光明に摂め取られ、護られているので、何ものにも妨げられることはなく、必ず安楽浄土にいたって、正覚の蓮華に生まれて、さとりを開くことができるのです。

真実の教え

真実《しんじつ》の教《おし》え

あらゆる者《もの》を救《すく》いとる教《おし》えこそ真実《しんじつ》の教《おし》え、究極《きゅうきょく》の教《おし》えである。

親鸞聖人《しんらんしょうにん》は仰《おお》せになる。

それ真実《しんじつ》の教《きょう》を顕《あらわ》さば
すなは《（わ）》ち『大無量寿経《だいむりょうじゅきょう》』これなり

『大無量寿経《だいむりょうじゅきょう》』には、あらゆる人《ひと》を念仏《ねんぶつ》一《ひと》つで救《すく》おうと誓《ちか》われた、阿弥陀如来《あみだにょらい》の本願《ほんがん》が説《と》かれている。釈尊《しゃくそん》はその生涯《しょうがい》をとおしてさまざまな教《おし》えを説《と》き広《ひろ》められた。

この経《きょう》が説《と》かれるとき、釈尊《しゃくそん》のお顔《かお》は、いまだかつてないほどに悦《よろこ》びにあふれ、気高《けだか》く光《ひか》り輝《かがや》いておられた。

あらゆるものを救《すく》いとる阿弥陀如来《あみだにょらい》の本願《ほんがん》を説《と》くことこそ、釈尊《しゃくそん》がこの世《よ》に出《で》られた目的《もくてき》だったからである。

〈聖典のことば〉

それ真実の教を顕さば、すなはち『大無量寿経』これなり。

『顕浄土真実教行証文類』「教文類」（『註釈版聖典』一三五頁）

▼出典解説

このご文は、『顕浄土真実教行証文類（教行信証・ご本典）』の「教文類」にあります。『ご本典』は、浄土真宗の教義体系（教行信証の四法）が示される立教開宗の根本聖典です。この「教文類」には、釈尊の説かれた『仏説無量寿経』（大無量寿経、大経）こそが、真実の教であり、出世《しゅっせ》本懐《ほんがい》の経典であると顕示されます。そして『大経』に説かれる本願が、経典の宗（肝要）とし、名号が体（本質）であると明示されます。

▼現代語

その真実の教を顕せば、『無量寿経』である。

（『顕浄土真実教行証文類（現代語版）』九頁）

〝真実教〟を味わう

釈尊が、八十年の生涯のなかで説かれた教えは、八万四千の法門といわれるほどに、膨大にあります。どれも大切な教えですが、浄土真宗の立場からみれば、自力で仏になることのできない凡夫のために説かれた阿弥陀如来の本願による救済を説く『大経』こそが、真実の経典です。この『大経』にある本願の教えを説くことが、お釈迦さまがこの世にお出ましになられた本当の目的、すなわち出世本懐であるのです。なぜなら、あらゆる人を念仏一つで救おうという誓いであればこそ、この私が救われるのです。私が救われる教えこそ、私にとっての真実の教えです。

例話 1

五徳瑞現〜ひかり輝くかおばせのお釈迦さま〜

ポイント

五徳瑞現

お釈迦さまが、王舎城の耆闍崛山《ぎしゃくっせん》において、『大経』を説法されようとした時、たくさんの弟子たちと大菩薩が聴聞されていました。その時、お釈迦さまは静かに禅定に入られます。すると全身が光り輝き、お顔だけでなく、全身がよろこびに満ちあふれてきました。そのおすがたを拝見した阿難尊者が、お釈迦さまにたずねられます。

「私は長い間、お仕えしてきましたが、今日のように尊く光り輝くおすがたは、いまだかつてありませんでした。これは何か理由があるのだろうと思います。私が推察いたしますには、お釈迦さまは、深いさとりに入られて、そのさとりの世界から、迷いの人びとにさとりを開かせて、お救いなさろうとしているのではないでしょうか。どうぞ、そのお心をお説きくださいませ」

この阿難尊者の問いに応じて、お釈迦さまは、こう応えます。

「そなたは素晴らしいことをたずねた。私はこれから、すべての如来がこの世に出現される本意を説き明かそうとしているのである。如来がこの世界に出現した目的は、あらゆる迷いの人びとに真実の利益をあたえて、安らぎを与えることである。それゆえ、このような光り輝くすがたを現したのである」

迷いの人びととは、「何のために生まれてきたのか」「死んだらどうなるのか」ということを何もわからずにいのち終えていく私たちのような存在のことです。お釈迦さまは光り輝くすがたで『大経』を説法されて、私たちに救いを与えようとしてくださいました。そして、『大経』の中で阿弥陀如来の本願を説くために、この世界にお出ましになられたのでした。

〈例話①〉とみ教えの関連……………………

『大経』には、釈尊の出世本懐について、

如来《にょらい》、無蓋《むがい》の大悲《だいひ》をもつて三界《さんがい》を矜哀《こうあい》したまふ。世《よ》に出興《しゅっこう》するゆゑは、道教《どうきょう》を光闡《こうせん》して、群萌《ぐんもう》を拯《すく》ひ恵《めぐ》むに真実《しんじつ》の利《り》をもつてせんと欲《おぼ》してなり。

（『註釈版聖典』九頁）

とあります。「如来」とは「如より来たるもの」という意味で、さとりの世界から迷いの世界へ出てきて、迷いの人びとを救う存在です。「無蓋の大悲」とは「いかなるものにもおおい隠されることのない無上の大慈悲心」のことです。「道教」とは「さとりに至る道」「仏道」といった意味です。つまり、如来がこの世にお出ましになる本意は、道教を説き開きつつ、迷いの衆生に真実の利益（本願による救い）を与えて、救っていくことにあったのです。

そして、この教えに出あうことは、あたかも霊瑞華《れいずいけ》（三千年に一度しか咲かない花）に出あうようなことであるといわれるのです。

例話 2

唯聴弥陀本願海

ポイント　出世本懐

念仏者にとって、お釈迦さまが、この世にお出ましになられた本当の目的（出世本懐）は、『大経』を説法して、阿弥陀如来の本願名号を私たちにめぐまれることであります。「正信偈」には釈尊の出世本懐について「如来所以興出世　唯説弥陀本願海（如来、世に興出したまふゆゑは、ただ弥陀の本願海を説かんとなり）」と説かれています。意味は、「釈迦如来がこの世に出られた理由は、ただ阿弥陀仏の本願の教えを説くためであった」ということです。

では、この私たちがこの世界に生まれてきた本当の目的はなんでしょうか。このことについて、ヒントになるお話があります。

ある方が、幼いお子さんを亡くされて、遺骨を仏前に安置して、お念仏をとなえておられました。そこにお悔やみに来られた僧侶の方が「念仏するしかない」ということを述べた後で、次のように語られたということです。

「正信偈に『唯説弥陀本願海』とある。それは、お釈迦さまの出世本懐である。ならば、私たちがこの世に生まれてきた目的は何であるか。それは『唯聴弥陀本願海』である。ただ、阿弥陀仏の本願を聴くためだけだ。この一事がはっきりしないと、その他のこと一切が、そらごと、たわごとに終わってしまうぞ。念仏させて、お浄土へ参らせてくださろうとする本願をお聴きするのだ。念仏申しなさいや」

その場におられた方がたは、涙を流しながら、お念仏されたそうです。

さて、私たちは、ともすれば世俗の生活にいそしむことに始終してばかりですが、阿弥陀如来のご本願をお聴かせいただくことこそが、この世界を生きていくうえで、もっとも大切なことです。本願に出あえば、もうむなしくすごすことはありません。

※この例話は、霊山勝海著『正信偈を読む』（本願寺出版社　七六―七七頁）の内容を要約し、著者の承諾を得て、ここに転載させていただきました。

〈例話②〉とみ教えの関連……………………

お釈迦さまの出世本懐は、本願名号によって、この私たちに救いをもたらすことにありました。ご本願には「若不生者不取正覚（もし生れることができないようなら、わたしは決してさとりを開きません）」（『原典版聖典』二九頁、『浄土三部経（現代語版）』二九頁）とお誓いです。これは、「あなたがお浄土に往生できないのなら、私も正覚の仏とはならない」と味わえます。

こうして考えると、お釈迦さまはこの私を救うために、本願の法を説かれたのであったと味わうことができます。救われる側の能力に条件が求められない本願の法でなければ助からないこの私でありました。それは『歎異抄』「後序」に、

聖人《しょうにん》（親鸞）のつねの仰《おお》せには、「弥陀《みだ》の五劫思惟《ごこうしゆい》の願《がん》をよくよく案《あん》ずれば、ひとへに親鸞一人《しんらんいちにん》がためなりけり。さればそれほどの業《ごう》をもちける身《み》にてありけるを、たすけんとおぼしめしたちける本願《ほんがん》のかたじけなさよ」

（『註釈版聖典』八五三頁）

【現代語】

親鸞聖人がつねづね仰せになっていたことですが、「阿弥陀仏が五劫もの長い間思いをめぐらしてたてられた本願をよくよく考えてみると、それはただ、この親鸞一人をお救いくださるためであった。思えば、このわたしはそれほどに重い罪を背負う身であったのに、救おうと思い立ってくださった阿弥陀仏の本願の、何ともったいないことであろ

うか」

（『歎異抄（現代語版）』四八―四九頁）

とあるとおりです。阿弥陀如来の五劫思惟にもとづく本願と兆載《ちょうさい》永劫《ようごう》の修行は、ひとえにこの私のためであったのです。

例話 3

真実の教え～お経さまは鏡のごとし～

ポイント

真実教

お聖教を拝読するということについて、善導大師が『仏説観無量寿経（観経）』の「読誦大乗」（大乗経典を読誦する）という言葉を解釈するなかで、それはあたかも鏡のようなものであるとお示しです。この「鏡」にたとえることは、およそふたつの意味で味わうことができます。

①鏡は磨きつづけなければならない
②鏡に私のありのままのすがたが映る

現在の鏡というのは、アルミニウムや銀などの金属とガラスを貼り付けたものです。ですからそれほど磨く必要はありません。ところが善導大師がおられた唐の時代など、昔の鏡は青銅などの銅でつくられた鏡でした。ですから鏡は絶えず磨きつづけていないと錆び付いてきて、何も映さなくなってしまいます。これをふまえて、善導大師のご教示を味わうと、お聖教は、鏡をいつも磨くように、つねに拝読して、そこに説かれたみ教えをたずねていかなければならないということになります。

こうして鏡を磨けば、それが私のすがたを映し出してくれるように、お聖教を拝読するということは、真実の教えという鏡の前に立つことであり、この私の偽らざるありのままのすがたが知らされ、それと同時に、私の進むべき方向が明らかになってくるのです。

〈例話③〉とみ教えの関連……………………………………

善導大師の『観経疏』「序分義」には、次のように示されています。

「読誦大乗《どくじゅだいじょう》」といふは、これ経教《きょうきょう》はこれを喩《たと》ふるに鏡《かがみ》のごとし。しばしば読《よ》みしばしば尋《たず》ぬれば、智慧《ちえ》を開発《かいほつ》す。もし智慧《ちえ》の眼《まなこ》開《ひら》けぬれば、すなはちよく苦《く》を厭《いと》ひて涅槃《ねはん》等《とう》を欣楽《ごんぎょう》することを明《あ》かす。

（『註釈版聖典七祖篇』三八七頁）

ここに明らかなように、経典の教えは、しばしば読み、しばしばたずねていくことが大切です。そうすることで、ありのままの私の現実が知らされ、同時にそのような私を救う阿弥陀如来の真実の智慧が明らかとなってくるのです。また、この苦悩の世界をはなれ、さとりの涅槃界である浄土往生が決定したことをよろこぶ心もめばえてくることでしょう。反対に鏡が錆び付けば、自分が見えなくなり、真実も隠れてしまいます。これが迷いのすがたです。

例話をうけて

真実の宗教とは、どんな人であっても救われる教えです。それはそのまま、この私が救われる宗教です。それが、私たちにとっては、『大経』に説かれる本願名号の救いでありました。本願には、あらゆる衆生をわけへだてなく救うと誓われています。どんな修行も成就することができず、煩悩を断ち切ることもできずに苦しんでいる人であっても、この救いから漏れることはありません。この願いが力となって、この私に届くことで、不安に満ちたこの私に安心がもたらされるのです。苦悩のつきないこの私の苦しみがやわらぐのです。

このご本願のはたらきに出あうことがなければ、不安と苦悩の人生で、ただ愚痴《ぐち》をこぼして、ただ涙を流して終わっていくだけかもしれません。それでは、あまりにも虚しい人生となってしまいます。

そんな私を救うためのご本願でした。このご本願を説くことが、お釈迦さまが、この世にお出ましになられた本当の目的だったのです。

教学的背景の解説

源空（法然）聖人は、仏教にはさまざまな経典があり、それぞれに尊重すべきではあるが、自分にとって本当に依《よ》りどころとなるものは、阿弥陀如来の本願による往生成仏を説く「浄土三部経」であると示されました（『註釈版聖典七祖篇』一一八七頁）。そして『選択本願念仏集』において、一切の自力の諸行を選び捨てて、他力の念仏一行を、万人の往生行として選び取り、念仏を称える身となって、浄土へ生まれてくれよと願われているのが阿弥陀如来の本意であると説示されます。

この本願他力の念仏を説くことが、釈尊の出世本懐でした。親鸞聖人は『教行信証』「教文類」において「なにをもつてか出世《しゅっせ》の大事《だいじ》なりと知《し》ることを得《う》るとならば（どのようなことから、この経は釈尊が世にお出ましになった本意を述べられた経であると知られるのかというと）」（『註釈版聖典』一三五頁、『顕浄土真実教行証文類（現代語版）』一〇頁）と前置きしたうえで、『大経』の五徳瑞現《ごとくずいげん》、出世本懐のご文を引用されています。

また、この出世本懐について、『一念多念文意』に『大経』の、

如来、世に興出《こうしゅつ》したまふゆゑは群萌《ぐんもう》を拯《すく》ひ、恵むに真実の利をもつてせんと欲《おぼ》してなり
（如来が世にお出ましになるわけは、人びとを救い、まことの利益を恵みたいとお考えになるからである）

（『註釈版聖典』六九〇頁脚注）

というご文を示された後に、

諸仏《しょぶつ》の世々《よよ》に出《い》でたまふゆゑは、弥陀《みだ》の願力《がんりき》を説《と》きて、よろづの衆生《しゅじょう》を恵《めぐ》み拯《すく》はんと欲《おぼ》しめすを、本懐《ほんがい》とせんとしたまふがゆゑに、真実之利《しんじつしり》とは申《もう》すなり。

（『註釈版聖典』六八九頁）

【現代語】
諸仏が次々に世にお出ましになるわけは、阿弥陀仏の本願のはたらきを説いて、すべての衆生に恵み与えて救おうとお思いになるからであり、それを世にお出ましになる本意としようとされているから、阿弥陀仏の誓願を「真実之利」というのである。

（『一念多念文意（現代語版）』三〇頁）

と釈されています。ここに「諸仏」とあることは、釈迦如来だけでなく、三世一切の諸仏の出世本懐は、本願名号を説くためであったと親鸞聖人が理解されていることが読み取れます。

限りなき光と寿の仏

限《かぎ》りなき光《ひかり》と寿《いのち》の仏《ほとけ》

阿弥陀如来《あみだにょらい》がさとりを開《ひら》く前《まえ》、法蔵菩薩《ほうぞうぼさつ》であったとき、すべてのものを救《すく》うため、限《かぎ》りない光《ひかり》と寿《いのち》をそなえた仏《ほとけ》になろうと誓《ちか》われた。そして果《は》てしない修行《しゅぎょう》の末《すえ》に、その願《ねが》いを成就《じょうじゅ》して、如来《にょらい》となられた。

阿弥陀《あみだ》とは無量《むりょう》をあらわす。阿弥陀如来《あみだにょらい》は、その限《かぎ》りない光《ひかり》をもって、あらゆる世界《せかい》を照《て》らし、私《わたくし》たちを摂《おさ》め取《と》ってくださる。その限《かぎ》りない寿《いのち》をもって、あらゆる時代《じだい》を貫《つらぬ》き、私《わたくし》たちを救《すく》いとってくださる。

親鸞聖人《しんらんしょうにん》は仰《おお》せになる。

十方微塵世界《じっぽうみじんせかい》の
念仏《ねんぶつ》の衆生《しゅじょう》をみそなはし(わ)
摂取《せっしゅ》してすてざれば
阿弥陀《あみだ》となづけたてまつる

たとえ私《わたくし》たちがその救《すく》いに背《せ》を向《む》けようとも、摂《おさ》め取《と》って捨《す》てないと、どこまでもはたらき続《つづ》ける仏《ほとけ》がおられる。その仏《ほとけ》を、阿弥陀如来《あみだにょらい》と申《もう》し上《あ》げるのである。

〈聖典のことば〉

十方微塵世界《じっぽうみじんせかい》の
念仏《ねんぶつ》の衆生《しゅじょう》をみそなはし
摂取《せっしゅ》してすてざれば
阿弥陀《あみだ》となづけたてまつる

『浄土和讃』「弥陀経讃」（『註釈版聖典』五七一頁）

▼出典解説

このご文は、『浄土和讃』「弥陀経讃」の一首目のご和讃です。『仏説阿弥陀経』「かの仏《ぶつ》の光《こう》明無量《みょうむりょう》にして、十方《じっぽう》の国《くに》を照《て》らすに障礙《しょうげ》するところなし。このゆゑに号《ごう》して阿弥陀《あみだ》とす」（『註釈版聖典』一二三―一二四頁）とあるご文と『仏説観無量寿経（観経）』の「光明《こうみょう》は、あまねく十方世界《じっぽうせかい》を照《て》らし、念仏《ねんぶつ》の衆生《しゅじょう》を摂取《せっしゅ》して捨《す》てたまはず」（『同』一〇二頁）のご文をもとに、阿弥陀如来の摂取不捨の徳を讃嘆されたご和讃です。

▼現代語

東西南北の四方、さらに東南、東北等を加えて八方、下方、上方などあらゆる世界に念仏の衆生がいる。この名号のおいわれを信じて念仏する衆生を照覧《しょうらん》なさり、光明の中に摂取してお捨てにならず、必ず往生成仏させてくださる如来さまゆえ、阿弥陀仏とお呼び申し上げるのである。

（『聖典セミナー　浄土和讃』三〇三―三〇四頁）

〝摂取不捨の救い〟を味わう

このご和讃の「摂取してすてざれば」の部分には、親鸞聖人が左訓を付されています。それは「摂《おさ》めとる。ひとたびとりて永く捨てぬなり。摂はものの逃ぐるを追はえとるなり。摂はをさめとる、取は迎えとる」（『註釈版聖典』五七一頁脚注）というものです。阿弥陀さまの救いに背を向けて逃げ回っている私たちを、阿弥陀さまは、追いかけて摂め取ってくださるのです。そして、ひとたび摂め取られたら、決して捨てられることはありませんので、苦しみの人生で躓《つまず》いたとしても、私たちはもう往生浄土の道から転げ落ちたりはしません。阿弥陀さまの大悲に抱かれた人は、必ず仏にならせていただくのです。

例話 1

限りない光といのちの仏さま

ポイント

①光寿二無量
②無碍光

みなさんも、光のありがたさを感じたことはあると思います。私の場合、夕方に自動車に乗って、地図を見ると、老眼のせいか、文字や記号がはっきりと見えません。ところが、昼間であれば、太陽の光が充分にあるので、地図がよく見えます。こんな時、光のありがたさを感じます。

このように、太陽の光には限界がありますが、阿弥陀さまの光は限りない光です。親鸞聖人は、『仏説無量寿経（大経）』に説かれる阿弥陀如来の十二光のみ教えをうけて、さまざまに説明してくださっています。その一つに、超日月光という説明があります。これは、阿弥陀さまの光は、太陽や月の光を超えているということです。太陽や月の光も人間にとっては、大切な光ですが、密室や地下には至り届きません。それに対して、阿弥陀さまの光は、壁などに遮られることなく、どんな場所にも至り届くのです。阿弥陀如来の光明のこうした性質は、無礙光という性質に重なりますが、無礙光については、違った説明もされています。「無礙」とは、「なにものにもさまたげられることがない」という意味ですが、親鸞聖人は、物質的なさまたげを問題としないだけでなく、私たちの煩悩や悪業をさまたげとしないとお示しです。私たちが煩悩を断ち切ることができなくとも、そのまま救いとるというのが、阿弥陀如来の光明です。

そしてまた、寿命無量であるからこそ、阿弥陀さまの光明は、いついかなる時代においても決して途絶えることなく、ここに届けられているのです。

阿弥陀さまの光明と寿命は、無量であるといわれるように、私たちの知識や想像で、はかりしることはできません。限りない光というのは、私たちが、どんなところにいようとも、どんな状態にあろうとも、そこに光を届けるということです。

〈例話①〉とみ教えの関連

『大経』の「讃仏偈」には「光明悉照　偏此諸国（光明《こうみょう》ことごとく照《て》らして、このもろもろの国《くに》に遍《へん》し）」（『浄土真宗聖典全書 一』二二頁、『註釈版聖典』一二頁）とあります。阿弥陀如来の光明は、世界のすみずみまで至り、あらゆる存在をもらすことなく、照らしていらっしゃいます。この阿弥陀如来の光明は、『大経』に十二の徳をもって、十二光として説示されています。この十二光の徳を讃嘆されたお聖教に『弥陀如来名号徳』というお書物があります。

そこでは、超日月光について、

この弥陀《みだ》の光明《こうみょう》は、日月《にちがつ》の光《ひかり》にすぐれたまふゆゑに、超《ちょう》と申《もう》すなり。超《ちょう》は余《よ》のひかりにすぐれこえたまへりとしらせんとて、超日月光《ちょうにちがっこう》と申《もう》すなり。（『註釈版聖典』七三〇頁）

と示されています。また、無礙光については、

この日月《にちがつ》のひかりは、ものをへだてつれば、そのひかりかよはず。この弥陀《みだ》の御《おん》ひかりは、ものにさへられずしてよろづの有情《うじょう》を照《て》らしたまふゆゑに、無礙光仏《むげこうぶつ》と申《もう》すなり。有情《うじょう》の煩悩悪業《ぼんのうあくごう》のこころにさへられずましますによりて、無礙光仏《むげこうぶつ》と申《もう》すなり。

（『同』七二八頁）

と示されています。ここには、阿弥陀如来の光明が、物質的な障碍にさまたげられることはなく、また私たちが煩悩や悪業をかかえていたとしても、それを救いのさまたげとしないことが明らかに示されています。

また、『御文章』には、「『阿弥陀《あみだ》』といふ三字《さんじ》をば、をさめ・たすけ・すくふとよめるいはれあるがゆゑなり」（『註釈版聖典』一一三三頁）と阿弥陀仏の名前の由来が示されています。

例話 2

立ちすがたの阿弥陀さま

ポイント

立撮即行

公園でひとやすみしていたら、こんな光景に出あいました。幼い子どもが池をのぞきこんでいました。その子は、池に泳いでいるメダカのような魚をじっと見ています。その時、低い柵から身を乗り出して見はじめたので、大丈夫かなと思っていると、近くにいた母親がすぐにやってきて、その子どもを抱きかかえて、急いで安全なところに連れて行きました。その後、その子どもは、母親に手を取られて、もう一方の手は柵を握り、身を乗り出すことなく、楽しそうに池を見ていました。

池をのぞき込んでいる幼児は、それが危険であることに気づかずに、魚を見て、楽しんでいたのでしょう。しかし、母親はずっと子どもに目を向けていますから、私が「あぶない」と思ったその時には、すでに子どものところに駆けつけていました。

浄土真宗のご本尊は、立像で、少し前かがみになっておられ、いまにも歩き出しそうな阿弥陀如来です。これは大悲のこころをもって、私たちを救おうとはたらかれているおすがたを示しています。次の瞬間にも何が起こるかわからない火宅無常《かたくむじょう》の世界ですから、阿弥陀さまは、座ったままでただ声をかけるというのではなく、そういう凡夫のところへ、仏さまご自身が飛んでこられ、その人を摂め取ってくださるのです。

お木像やご絵像のご本尊をとおして、阿弥陀さまのお慈悲を思ってみてはいかがでしょうか。楽しみにふけってばかりで、生死の現実から目をそむけて、生活を送っている自分の心に気づかされるかもしれません。

〈例話②〉とみ教えの関連

この例話は、善導大師が『観経』の「住立空中尊」を解釈されて、「立撮即行《りっさつそくぎょう》」という言葉で示している内容にもとづいています。

もし足《あし》を挙《あ》げてもつて迷《まよ》ひを救《すく》はずは、業繫《ごうけ》の牢《ろう》なにによりてか勉《まぬか》るることを得《え》ん。この義《ぎ》のためのゆゑに、立《た》ちながら撮《と》りてすなはち行《ゆ》く。端坐《たんざ》してもつて機《き》に赴《おもむ》くに及《およ》ばざるなり。

（『註釈版聖典七祖篇』四二四頁）

ここで善導大師はまず、もし阿弥陀如来がその足をあげて、迷いの衆生を救わなかったら、悪業によってつなぎとめられている牢獄のようなこの世界から抜け出すことができようか、と示されます。そして、阿弥陀如来が立ちあがって、そばに駆け寄り（＝立）、迷いの衆生のところに飛んできて、その人を抱きかかえて（＝撮、この「撮」という字は「とる」「つまむ」「とらえる」の意味）、そのまま浄土へと連れて行く（＝即行）からこそ、私たちの救いがあるのだと説示されています。阿弥陀如来は、その場に端座《たんざ》して、衆生によびかけるのではないということです。

例話 3

阿弥陀さまに救われる私は、猿の子か？　猫の子か？

ポイント　摂取不捨

私が子どものころのことです。お聴聞をしていたら、ご講師さんが、みなさんにこんな問いかけをされました。

「阿弥陀さまは、私たちをお浄土へと迎え取ってくださいます。その運び方（救われ方）は、猿の子が親に抱かれている状態でしょうか。それとも猫の子が親に抱かれている状態でしょうか」

子どものころは、お聴聞をしていてもわからないことが多かったので、他のお話はほとんど覚えていないのですが、この質問だけは「何のことだろう」と疑問に思ったので、いまでもよく思い出されます。

質問の答えは、「猫の子が親に抱かれている状態」ということでした。少し想像してみましょう。猿の親子に危険が迫ったら、猿の子は、親猿のもとにかけより、そして親猿のおなかに飛びつき、自分の力で、しっかりとしがみついています。もしそこで、自分の力がなくなったらどうなるでしょうか。きっと、落ちてしまいます。だから、落ちまいとして、自分の力にたよっているのです。

一方、猫の子はどうでしょうか。親猫は、自分の子に危険が迫ると、わが子の首筋をすっと咥えて、その場から立ち去ります。こうした光景を目にしたことがあるのではないでしょうか。

宗教の中には、猿の子のような救われ方もあるでしょう。ただ、阿弥陀さまの救いは、ちょうどこの猫の子が親に助けられるようなあり方です。阿弥陀さまから見れば、私たちがおかれている状況は、ちょうど猫の子が、車の行き交う道路の脇にいるような状態なのかもしれません。阿弥陀さまは、それを黙ってみてはおれず、摂め取って、お救いくださるのです。

〈例話③〉とみ教えの関連……………………………

ご和讃の「摂取してすてざれば」の左訓に「摂はものの逃ぐるを追はへとるなり。摂はをさめとる、取は迎へとる」とありました。思えば、私たちは、日々の暮らしのなかで、仏法に背いてばかりの生活をしていました。そこで、仏法に出あい、阿弥陀さまの救いをきかせていただいたとしても、それを信じようとはせず、疑ってかかり、自分の力で生きていけるという慢心をもっていたかもしれません。

ところが、自分の力や知識では、どうにもならない出来事に直面した時、どうしようもない絶望に苛まれてしまいます。じつは、そこにすでに阿弥陀さまのはたらきが届けられていたのです。それに気づいた時、もう決して捨てられることのない安心をいただくことができます。

例話をうけて

法蔵菩薩は、私たち衆生を救うために、五劫という途方もない時間をかけて思惟し、四十八願を発され、その願を成就するために、兆載永劫《ちょうさいようごう》にわたる修行をされました。その法蔵菩薩の修行は、『大経』に「もろもろの衆生《しゅじょう》をして功徳《くどく》を成就《じょうじゅ》せしむ（その功徳と智慧のもとにさまざまな修行をして、すべての人々に功徳を与えたのである）」（『註釈版聖典』二七頁、『浄土三部経（現代語版）』四五頁）とあるように、ご自身の正覚のためだけでなく、私たちを救うことが第一の目的であったのです。法蔵菩薩は、たとえ苦難の毒に沈もうとも、その願いを果たそうとして、この私のためにご修行されたのでありました。そしていまここで、私たちの抱える不安や苦悩のこころに安心をもたらそうとはたらかれています。この法蔵菩薩のご苦労は、ひとえに私のためであったと味わう時、この上ない有り難さを感じられることでしょう。

かつては、阿弥陀さまのお慈悲に気づかずに生活を送っていたかもしれません。その私が阿弥陀さまのお慈悲をよろこばせていただく身に育てられました。お慈悲に気づかないうちは、苦しみの壁にぶつかった時、こころが闇におおわれた時、ひとりもがいていた私がいました。しかし阿弥陀さまは、そんな私をずっと照らし、まもってくださっていたのです。阿弥陀さまの救いから正反対の方向に歩いていたこの私に、ずっと阿弥陀さまがよびかけて、はたらきかけて、こころの闇に光を灯そうとしてくださっていたからでありました。

教学的背景の解説

法蔵菩薩の第十二願は、阿弥陀如来の光明が無量であることを願うものであり、第十三願は、阿弥陀如来の寿命が無量であることを願うものです。その願いの結果、阿弥陀如来は、無量光（アミターバ）、無量寿（アミターユス）の徳をそなえた仏となられました。無量光とは、その光の空間的無辺性をあらわしており、どんな場所にもその救いは届くということを意味しています。また無量寿とは、時間的無限性をあらわし、どんな時代にもその救いは続いている、という徳をあらわしています。つまり阿弥陀如来とは、あらゆる衆生をもらさず救う仏につけられた名前です。この如来は、私を救う仏であると同時に、いつでも、どこでも、どんな人であっても救う如来であるのです。

ところが私たちは、煩悩のせいで、その救いに気づくことが難しいのかもしれません。しかし、いっさいの煩悩にさまたげられることなく、阿弥陀如来の大悲はいつでも、どこでも私を照らしてくださっているのです。それを親鸞聖人は「正信偈」に「煩悩障眼雖不見　大悲無倦常照我（煩悩《ぼんのう》、眼《まなこ》を障《さ》へて見《み》たてまつらずといへども、大悲《だいひ》、倦《もの》きことなくしてつねにわれを照《て》らしたまふといへり）」（『註釈版聖典』二〇七頁）と讃嘆されておられます。

他力本願

他力《たりき》本願《ほんがん》

親鸞聖人《しんらんしょうにん》は仰《おお》せになる。

他力《たりき》といふ(う)は如来《にょらい》の本願力《ほんがんりき》なり

他力《たりき》とは、阿弥陀如来《あみだにょらい》の本願《ほんがん》のはたらきであり、これを他力本願《たりきほんがん》という。他力本願《たりきほんがん》は、如来《にょらい》から私《わたくし》に向《む》けられたはたらきであって、自分《じぶん》の望《のぞ》みを他人《たにん》まかせにすることではない。

阿弥陀如来《あみだにょらい》は四十八《しじゅうはち》の願《ねが》いを発《おこ》して仏《ほとけ》となられた。その願《ねが》いの根本《こんぽん》である第十八《だいじゅうはち》の願《がん》は、「われにまかせよ、わが名《な》を称《とな》えよ、浄土《じょうど》に生《う》まれさせて仏《ほとけ》にならしめん」という願《ねが》いである。如来《にょらい》は、私《わたくし》たちを救《すく》わんとしてつねに寄《よ》り添《そ》い、南無阿弥陀仏《なもあみだぶつ》のよび声《ごえ》となって、われにまかせよとはたらき続《つづ》けておられる。このはたらきを他力《たりき》といい、本《ほん》願力《がんりき》というのである。

阿弥陀如来《あみだにょらい》の本願《ほんがん》のはたらきにおまかせして、念仏《ねんぶつ》を申《もう》しつつ、如来《にょらい》の慈悲《じひ》につつまれて、浄土《じょうど》への道《みち》を歩《あゆ》ませていただくのである。

〈聖典のことば〉

他力《たりき》といふは如来《にょらい》の本願力《ほんがんりき》なり。

『顕浄土真実教行証文類』「行文類」（『註釈版聖典』一九〇頁）

▼出典解説

この言葉は、『顕浄土真実教行証文類（教行信証）』「行文類」「他力釈」に出てきます。他力の意味を端的かつ明瞭に示しています。

▼現代語

他力とは如来の本願のはたらきである。

（『顕浄土真実教行証文類（現代語版）』一一五頁）

〃他力本願〃を味わう

他力というのは、他人まかせにすることでもなく、自然の恩恵のことでもありません。世間では、誤用・転用されていることもしばしばありますが、本来の意味は、阿弥陀さまが衆生を救おうとされるはたらきのことです。阿弥陀さまの本願がここにはたらいていることです。

例話 1

他力優勝？

ポイント 他力・自力

毎年九月ごろになると、プロ野球の優勝争いが話題になります。そんな時期にスポーツ新聞をみると、「他力」や「自力」の言葉が目にとまります。「ここで負けたら自力優勝が消滅」「あとはライバルチームが負けてくれれば、他力優勝だ。しかしそんな他力本願を望むのは……」などの文脈で使用されることがあります。しかしこれは、浄土真宗で使用される「他力」とはまったく違う使われ方です。時には「自力本願」という言葉も使われることもあるようですが、そもそもこんな言葉はありえません。

一般に「他力」という言葉は、「自分の努力によるのではなく、他者の行為や他人の力をあてにすること」といった意味で用いられることがありますが、本来の「他力」の「他」とは、他人の意味ではありません。それは「阿弥陀さまが私たちを救う力・はたらき」のことです。そして本願というのは、阿弥陀さまの根本の願い、本心からの願いのことです。浄土真宗は、この阿弥陀さまの願いを聞いていく教えであって、私たちの願いをかなえてもらう宗教ではありません。

私たちの願いというのは、たとえば、宝くじの当選や受験の合格といったことかもしれません。ところが、「他力本願」というときの仏さまの願いとは、「私たちを浄土に往生させ、仏に成らしめようとする」阿弥陀さまから私たちへ向けられた願いなのです。そして、私たちが浄土に往生して、さとりをひらき仏となるために必要なすべての用意を、阿弥陀さまがしてくださる救いだからこそ、「他力」の救いと言うのです。その本願の意味がわかれば、「自力本願」などという言葉がありえないことがわかるでしょう。

〈例話①〉とみ教えの関連

浄土真宗で使われる「他力」は、「他力本願」「本願他力」ですから、阿弥陀如来の本願力を意味しています。この「本願」とは、阿弥陀如来の願いのことです。阿弥陀如来は、四十八の願いをたてられましたが、そのなかでもすべての衆生をもらさず救うと誓われた第十八願こそが、根本の願いであって、それを指して本願といわれます。この本心からの願いが、救いのはたらきとなったところが「本願力」であり、「他力」です。

曇鸞大師は、この「他力」の深い意味を「他利利他」（『註釈版聖典七祖篇』一五五頁）という言葉でお示しくださいました。ここにいう「利」とは「利する」ということであり、それは「救う」という意味です。「他利」とは「他者である阿弥陀さまが私たちを救う力」のことです。「利他」とは「阿弥陀さまが他者である私たちを救う力」のことです。これを「他力」というのです。

なお、浄土真宗でいう「自力」も、たとえば「自力で脱出する」といったような世間一般での使われ方とは意味が違います。これについては、本章の〈教学的背景の解説〉を参照ください。

例話 2

風は見えないが、確かに吹いている

ポイント

①本願力
②はからい・仏智疑惑

私たちは、どうも目に見えるものだけをそこにあるものと捉える性質があるようです。そう考えるならば、目には見えないものは、存在しないことになります。しかし目には見えないものであっても、確かに存在するものもあります。たとえば、風がそうでしょう。風は目に見ることはできません。しかし、揺れる木々や葉を見れば、確かに風が吹いていることを実感できます。そして、揺れる木々を遠くから眺めるだけでなく、自分が実際に外に出てみて、そこに風が吹き付ければ、ただ見ているよりも、風のはたらきを実感することができます。

こうした目には見えないはたらきは他にもあります。たとえば「やさしさ」ということです。この「やさしさ」という言葉の一般的な意味は「他人に対して、きめこまやかな思いやりがある」という意味になろうかと思います。誰もが知っている言葉です。でも、ほんとうにやさしさがわかるというのは、人のやさしさに触れてみて、はじめて実感するものではないでしょうか。

阿弥陀さまのはたらきである本願力もこれと同じような面があるのかもしれません。「願力」自体が目に見えるわけではありません。「力」そのものは、目に見えないものですが、重い物を運んでくれた時、「あの人は力持ちだ」とわかります。私の口からお念仏が出た時、そこに本願力があるのです。本願力というのは、阿弥陀さまの「われにまかせよ、わが名を称えよ、浄土に生まれさせて仏にならしめん」という願いのことです。阿弥陀さまに出あい、そのはたらきをよろこんでいる人を目の当たりにすれば、そこに阿弥陀さまがはたらいていることを感じることができます。そして、自分自身が阿弥陀さまに出あえば、その救いが、いよいよ確かなことであったと実感できることでしょう。

〈例話②〉とみ教えの関連

他力ということは、なかなか実感しにくいようです。それはすでに『仏説阿弥陀経』に「難信の法」（『註釈版聖典』一二八頁）と説かれていることからもわかります。難信である理由は、二つあります。その一つには、救われがたき人を救うという法は、尊い法義であるがゆえに、それを信じることが難しいということです。これを「法の尊高《そんこう》」といいます。二つには「自力のはからい」です。「自力のはからい」とは、わが身の善し悪しにとらわれて、これで助かるだろうか、これでは救われないなどと、思いわずらうことです。

浄土真宗は、救われようのない地獄必定《ひつじょう》のこの身が、他力によって救われていく教えです。だからこそ、すぐれた教えなのですが、人間の論理では理解しがたいものです。他力の救いは、阿弥陀さまの独りばたらきです。これを「法体独用《ほったいどくゆう》」といいます。救われるために私の仕事は何も要りません。これを「衆生無作《しゅじょうむさ》」といいます。しかし、私たちはそれをそのままに受けとることができず、自分の仕事を加えようとしてしまいます。救いは如来さまの仕事です。「必ず救う」というよび声をあおいで、心が安らぐことを安心といい、信心というのです。

例話3

磁石のたとえ

ポイント
本願力

親鸞聖人が、阿弥陀如来の他力のはたらきについて、「なお磁石《じしゃく》のごとし」（『註釈版聖典』二一頁）と譬えられているのは、大変示唆に富んでいます。

この譬えでは、磁石が鉄を吸い付けるように、私たちは阿弥陀如来に吸い寄せられるというのです。阿弥陀如来が磁石で、その磁石に引き寄せられる鉄が私たちです。ひとくちに鉄といってもいろいろあります。ぴかぴかに磨かれた鉄もあれば、錆びた鉄もあります。くず鉄もあります。釘を例にとって思い浮かべてみると、まっすぐな釘もあれば、折れ曲がった釘もあります。しかし、どんなにすぐれた釘であっても、みずからの力では動くこともできません。ましてや磁石になることはありません。他から力を加えない限り、動くことも、中身が変化することもありません。それは、どれほど足が達者でも、走って月に行くことはできないのと同じです。

ところが、その動かないはずの釘が動くことがあります。それは磁石が近づいてきて、釘がその磁場に入った時です。その釘がどこに向って動くかというと磁石に向かってです。このように磁場に入った釘が動くのは、じつは釘がただの釘ではなく、中身が磁石に変わっているからです。磁石にくっついている釘に他の釘を近づけると、釘が釘にくっついてしまいます。このことからも、中身が磁石になっていることがおわかりでしょう。ということは、見た目には、いままでどおり錆びた釘、折れ曲がった釘であっても、そのままで磁石に転ぜられているわけです。どんな釘であっても、ひとたび磁石の磁場に入れば、中身は磁石に転ぜられます。

阿弥陀如来の本願他力は、まさにこの磁石が釘を引き寄せて、中身を磁石に変えるように、凡夫が凡夫のままで、必ずさとりを開く身とさせるのです。

〈例話③〉とみ教えの関連……………………………………

親鸞聖人は、阿弥陀如来の他力のはたらきについて、いくつもの譬えを示されています。『教行信証』「行文類」（『註釈版聖典』二〇〇頁）の終わりには、二十八通りの譬えを出されています。そのなかでも「なお磁石《じしゃく》のごとし」と磁石に譬えられているものから、この例話を作りました。なお、この言葉に続いて、「本願《ほんがん》の因《いん》を吸《す》うがゆゑに」（『同』二〇一頁）とお示しです。この「因」について、伝統的に二通りの解釈がなされます。ひとつには、法蔵菩薩が本願を建てられた原因であるこの迷える凡夫のことです。もうひとつの解釈は、本願の救いを受けいれて、往生の正因であるご信心をいただいた人のことです。要するに、この私たちを吸いよせるということです。

例話をうけて

かつて「他力」という言葉の誤用が大きな問題となって、さまざまな議論を巻き起こしました。そして、現在でも本来の意味とは違う意味で使用されることを見受けます。しばしば見かけるのは、「他人まかせにすること」「自然や社会の恩恵」といった誤用です。

辞書を開けば、「他力」の項目には、「仏・菩薩の加護の力を指す。浄土門において阿弥陀仏の本願の力により往生することをいう」とあり、対義語として「自力」が示されています。そして「転じて、もっぱら他人の力をあてにすること」とあります。

また、「自力」という言葉も、一般に使われる意味と浄土真宗で使われる意味とでは、少しニュアンスが違います。浄土真宗での自力は、「自分の行為を往生浄土に役立てようとすること」であり、このような思いは、往生浄土には必要なく、むしろ邪魔になります。そして一般にいう「自力」が「自分の行為全般」「日常生活における自分の努力」というのであれば、浄土真宗でもこれを否定するわけではありません。

このように新たな意味が付加されていることをどう評価するかは、いろいろな意見があるでしょうが、私たち僧侶・念仏者まで、それにつられて「浄土真宗は他力だから、自分は何もしない消極的な教えだ」と思いこむことは避けたいものです。親鸞聖人をはじめとする他力に生きた方がたの生涯が、他人の力をあてにして、何もしなかったかというと決してそうではありません。往生成仏の道を阿弥陀如来におまかせしていたからこそ、いかなる苦難にあっても、その苦難を乗り越え、仏のめぐみをよろこび、力強く生きていかれました。またそのように他力がはたらいていたからこそ、自分自身の煩悩を見つめ、阿弥陀如来を依《よ》りどころにして、積極的に生きぬかれました。私たちは、他力の本来の意味を伝えていきたいものです。

みずからの力でさとりに至ることのできない私たちのために、他力による救いを完成してくださった阿弥陀さまのご苦労を味わわせていただきましょう。

教学的背景の解説

他力とは、仏力であり、本願力です。そうならば、誤解を招きやすい「他力」という言葉を使わなければいいのではないかという意見もあるかもしれません。しかし「他力」という言葉を使用するのは、大きな意味があります。それは、他力という言葉は、浄土真宗は他力であって、自力ではないということを内包しているからです。曇鸞大師や親鸞聖人の用例をうかがうと、そのことを明らかにするために、他力と自力を並列的に用いている用例が多く見受けられます。たとえば『親鸞聖人御消息』

には、

それ浄土真宗《じょうどしんしゅう》のこころは、往生《おうじょう》の根機《こんき》に他力《たりき》あり、自力《じりき》あり。このことすでに天竺《てんじく》（印度）の論《ろん》家《げ》、浄土《じょうど》の祖師《そし》の仰《おお》せられたることなり。（『註釈版聖典』七四六頁）

とあります。往生を願う衆生のなかに、他力の行者と自力の行者がいるが、それはすでにインドの論家やその後の浄土教の祖師方が指摘されているといわれます。

自力とは、同じ『御消息』の中に、

自力《じりき》と申《もう》すことは、行者《ぎょうじゃ》のおのおのの縁《えん》にしたがひて、余《よ》の仏号《ぶつごう》を称念《しょうねん》し、余《よ》の善根《ぜんごん》を修行《しゅぎょう》して、わが身《み》をたのみ、わがはからひのこころをもつて身口意《しんくい》のみだれごころをつくろひ、めでたうしなして浄土《じょうど》へ往生《おうじょう》せんとおもふを自力《じりき》と申《もう》すなり。（『同』）

とあります。つまり自力とは、阿弥陀如来以外の仏号を称念したり、念仏以外の修行をしたりすることです。そして、自分自身の力をたよりとし、自分の判断によって、「こうしなければ、浄土へはいけない」などと考えたりすることです。さらには、日ごろの行いや言葉づかい、そして心が乱れることを取り繕って、いっけん立派なようにふるまって、浄土へ往生しようと思うことが自力であるといわれます。ここで注意したいことは、浄土真宗で否定される「自力」は、あくまでも自分の行為を浄土往生に役立てようとする心持ちに限られるのであって、世間の日常生活の中で努力することが否定されるわけではありません。

そして親鸞聖人は、同じように念仏を称えていても、その心持ちによって、自力と他力の念仏があるということを詳かにされます。その自力の念仏のことを親鸞聖人は、『教行信証』「化身土文類」の「この諸智《しょち》において疑惑《ぎわく》して信《しん》ぜず。しかも、なほ罪福《ざいふく》を信《しん》じて」（『註釈版聖典』三七八頁）のご文や、『正像末和讃』「誡疑讃」の「罪福信《ざいふくしん》ずる行者《ぎょうじゃ》は　仏智《ぶっち》の不思議《ふしぎ》をうたがひて」（『同』六一一頁）などのご文にみられるように、「罪福を信じる心（信罪福心）」と教示されています。また「化身土文類」には、「定散《じょうさん》の専心《せんしん》とは、罪福《ざいふく》を信《しん》ずる心《しん》をもつて本願力《ほんがんりき》を願求《がんぐ》す、これを自力《じりき》の専心《せんしん》と名《な》づく」（『同』三九九頁）とあります。これらのご文から、罪福を信じることと仏智を疑惑することが同義であることがうかがえます。この信罪福の心とは、いかなる心持ちでしょうか。まず、信罪の心とは、みずからの罪（悪果をもたらす行為）が浄土往生をさまたげると考えることです。信福の心とは、本願の救いに自分の福（善果をもたらす行為）を付加させて浄土へ往生しようと考えることです。これらはすなわち、本願の「必ず救う」というはたらきを疑っている心です。そのはからいが破られ、疑いの蓋が取られた安堵の心持ちが、他力が至り届いたすがたです。

如来のよび声

如来《にょらい》のよび声《ごえ》

阿弥陀如来《あみだにょらい》は、すべての者《もの》を救《すく》いたいと願《ねが》われ、南無阿《なもあ》弥陀仏《みだぶつ》の名号《みょうごう》を完成《かんせい》された。名号《みょうごう》は、如来《にょらい》の智慧《ちえ》と慈悲《じひ》を円《まど》かに具《そな》えた、救《すく》いのはたらきそのものである。

親鸞聖人《しんらんしょうにん》はこの如来《にょらい》の名号《みょうごう》を、

本願招喚《ほんがんしょうかん》の勅命《ちょくめい》なり

と仰《おお》せになる。

南無阿弥陀仏《なもあみだぶつ》は、「必《かなら》ず救《すく》う、われにまかせよ」との阿《あ》弥陀如来《みだにょらい》のよび声《ごえ》である。

如来《にょらい》は、偽《いつわ》りと真実《しんじつ》の見分《みわ》けもつかない凡夫《ぼんぶ》を哀《あわ》れみ、名号《みょうごう》による救《すく》いを選《えら》び取《と》られた。如来《にょらい》のみ名《な》は、遍《あまね》く世《せ》界《かい》に響《ひび》きわたり、この真実《しんじつ》の救《すく》いにまかせよと、よび続《つづ》けておられる。

そのよび声《ごえ》は、私《わたくし》の称《とな》える南無阿弥陀仏《なもあみだぶつ》の念仏《ねんぶつ》となって、今《いま》ここに至《いた》りとどいている。念仏《ねんぶつ》の声《こえ》を通《とお》して、如来《にょらい》の大《だい》悲《ひ》のよび声《ごえ》を聞《き》かせていただく。

〈聖典のことば〉

しかれば、「南無《なも》」の言《ごん》は帰命《きみょう》なり。……ここをもつて「帰命《きみょう》」は**本願招喚《ほんがんしょうかん》の勅命《ちょくめい》なり**。「発《ほっ》願回向《がんえこう》」といふは、如来《にょらい》すでに発願《ほつがん》して衆生《しゅじょう》の行《ぎょう》を回施《えせ》したまふの心《しん》なり。「即是其行《そくぜごぎょう》」といふは、すなはち選択本願《せんじゃくほんがん》これなり。「必得往生《ひっとくおうじょう》」といふは、不退《ふたい》の位《くらい》に至《いた》ることを獲《う》ることを彰《あらわ》すなり。

『顕浄土真実教行証文類』「行文類」（『註釈版聖典』一七〇頁）

▼出典解説

これは、善導大師の六字釈について、親鸞聖人が『顕浄土真実教行証文類（教行信証）』「行文類」で解説されたものです。南無阿弥陀仏の六字には、阿弥陀如来の願と行が具足し、智慧と慈悲が円かに具えられているので、衆生を往生せしめるはたらきがあるのです。そして念仏の声は、阿弥陀如来が私たちを「必ず救う」とよびつづける、救いのはたらきそのものです。

▼現代語

そこで、「南無」という言葉は帰命ということである。……このようなわけで、「帰命」とは、わたしを招き、喚《よ》び続けておられる如来の本願の仰せである。「発願回向」とは、阿弥陀仏が因位《いんに》のときに誓願をおこされて、わたしたちに往生の行を与えてくださる大いなる慈悲の心である。「即是其行」とは、衆生を救うために選び取られた本願の行という意味である。「必得往生」とは、この世で不退転《ふたいてん》の位に至ることをあらわしている。

（『顕浄土真実教行証文類（現代語版）』七四―七六頁）

〝如来のよび声〟を味わう

私が称える念仏の声は、ただ私の声であるわけではありません。確かに私の声ではありますが、その声は、阿弥陀如来の救いのはたらきが、ここに届いた確かな証拠です。阿弥陀如来の本願が、称名となってはたらいているすがたです。その声を聞く私は、阿弥陀如来に抱かれているのであり、その声が如来のよび声として聞こえてくるのです。

例話 *1*

万徳の帰するところのお名号

ポイント

①所帰万徳の名号
②勝易二徳

お寺には本堂があります。この大きな建物には、いったいどれほどの材料が使われているのでしょう。何十本という柱や棟木、何百枚という瓦、何千という釘……。さまざまな材料によってできあがっています。

ところで、この本堂が建つのに必要な材料を全部そろえて、それらを並べてみると、どうなるでしょうか。とても広い場所が必要であることは容易に想像できますが、いったいどれほどの広さでしょう。そして、それらの建築資材をひとつひとつ見ていくと、結構な時間もかかるでしょう。しかし、それに何か意味があるでしょうか。やはり並べたり、積み上げたりするだけでは、何の役にも立ちませんね。並べられた建築資材を見て「おお、立派な本堂が建ったなあ」というでしょうか。誰もそうは言いませんね。だって建築資材が積まれている資材置き場を見ているだけなのですから。

この資材を寸分違わずに組み上げて、立派な本堂にするのはプロの技術、匠の技が必要です。素人ではなかなかできるはずもありません。

これと同じように、阿弥陀如来という仏さまが、この私を成仏せしめようと、ありとあらゆる仏道修行を修め、衆生の功徳を成就せしめようと完成してくださったのです。そこには阿弥陀如来が完成させた無上の功徳があるのです。阿弥陀如来は、南無阿弥陀仏の念仏となって、「必ず救う、われにまかせよ」とよび続けてくださっているのです。

〈例話①〉とみ教えの関連……………………

南無阿弥陀仏の名号は、厳しい難行を積むことができないような人であっても、救うはたらきをもつからこそ、勝れた徳をもっています。そして、いつでもどこでも称えることができる易行の徳があります。その理由を法然聖人が、「名号は万徳が帰せられており、阿弥陀仏の智慧と慈悲の一切の功徳が摂在しているからだ」とお示しです。このように南無阿弥陀仏という言葉には、阿弥陀仏のすべての徳が含まれています。たとえば、棟、梁などの一々の言葉には、すべての材料が含まれているわけではありませんが、「屋舎」という言葉には、棟、梁、椽、柱などの材料がすでに含まれています。つまり、阿弥陀如来の修行の果徳が、「南無阿弥陀仏」として、ここに回向されているのです。だから、それは単なる名前ではありません。

例話 2

親のよび声

ポイント

①六字釈
②本願招喚の勅命

考えてみますと、私は、なぜ「お母さん」とよぶようになったのでしょうか。ある人が「この人があなたのお母さんですよ」と紹介してくれて、そして私が「この人が私の母親なのか」と認識して、その結果、「お母さん」とよぶようになったのでしょうか。決してそうではないはずです。

私の場合、気がついたら「お母さん」とよぶようになっていました。おそらく、そこに至るまでには、母親が何度も何度も「お母さんですよ」とよびかけていたに違いありません。それで気がついたら、私は母親のことを「お母さん」とよぶようになったのでしょう。その時の記憶はありませんが、ずっと私を抱きかかえながら、よびかけていたはずです。そんなことを想像していると、やはり親心を感じずにはおれません。思春期の頃は、親の思いをうっとうしく感じていたこともありますが、何とも恥ずかしいばかりです。

「親さま」とたとえられる阿弥陀さまも、「必ず救う、われにまかせよ」私たちに絶えずよびかけています。このよび声は、いつかどこかで聞こえるという性質のものではありません。もしそうだったら「本当に聞けるのだろうか」「いつになったら聞けるのだろうか」と不安になるかもしれません。そうではなく、阿弥陀さまは、いまここで私に、そしてあなたによびかけているのです。

私たちが阿弥陀さまに背を向けたまま、そのよび声に気づかずに、迷いの道をおぼつかない足どりで歩んでいたときも、いつでもどこにいても、つねによびかけてくださっていたのです。このよびかけがあったからこそ、私たちは「はい、おまかせします」とお念仏を申すようになったのです。

〈例話②〉とみ教えの関連……………………

親鸞聖人は、南無阿弥陀仏の六字を「本願招喚の勅命」とお示しくださいました。それ以前の念仏の教えは、私から仏さまに向かっていく方向性でしたが、親鸞聖人はそれを逆転させて、仏さまが私のほうに来てくださるという方向性のよび声だと受け止めていかれたのでした。ですから念仏の声は、私が阿弥陀さまによびかけるというよりは、阿弥陀さまからのよび声であると受けとったのです。

私たちは、たえずよびかけていた阿弥陀さまのよび声を聞き受けたとき、阿弥陀さまに対して、感謝の気持ちからお念仏を称えるようになったのです。阿弥陀如来のよび声を聞き、本願の仰せのままにその招きにしたがうものは、凡夫でありつづけながらも、必ず浄土に往生し、成仏することができるのです。

例話3

本堂にひびきわたるお念仏

ポイント

機法一体の南無阿弥陀仏

幼い頃に見たお寺の本堂を思い出すと、おじいちゃんやおばあちゃんが、手を合わせて大きな声でお念仏をしていた光景がよみがえってきます。当時は、お念仏の意味もわからず、少し不思議に思いつつも、私も同じようにまねをして、お念仏を称えていました。

しかし、いま思えば、あのお念仏を称えるすがたは、阿弥陀如来のよび声が、そこに届いていた証拠だったように思います。当時の私は、阿弥陀さまのよび声に気づいていませんでした。しかし、おじいちゃんやおばあちゃんには、確かによび声を感じていたのでしょう。だからこそ、それに応えてお念仏を称えていたのです。そしてまた、その声が阿弥陀さまのよび声だったのです。それは阿弥陀如来の救いの法が、人をとおしてはたらいているすがただったのです。そう味わえば、この私も阿弥陀さまの救いの真っ直中にあったのです。

おじいちゃんやおばあちゃんが念仏を称えていたのは、そこに阿弥陀如来の大悲がはたらいていたからだったのでしょう。その念仏の声は、「必ず救う、われにまかせよ」という阿弥陀如来の大悲のよび声でした。念仏の声をとおして、阿弥陀如来の大悲のよび声を聞かせていただいていたのでした。

〈例話③〉とみ教えの関連……………………………………

浄土真宗は、「信心正因・称名報恩」であり、念仏を称えることで救われる教えではありません。念仏とは、信心のよろこびが、この私の口からあふれでた声です。この信心は阿弥陀如来のよびかけによって、聞こえさせ、称えさせて救おうとされているはたらきをそのまま受けいれることです。この信心は私がおこしたものではなく、念仏も阿弥陀如来のはたらきかけがあって、称えるようになったのです。このようにご信心をいただき、念仏を称える身となって、救われていく教えが浄土真宗です。

お同行のお念仏は、阿弥陀如来の救いのはたらきが、そこに確かに至り届いている証拠です。その念仏は、阿弥陀如来のはたらきによっておこされた信心のあらわれであり、その信心は、阿弥陀如来が衆生を場としてはたらいているすがたであるといえます。このように衆生の信心（機）と阿弥陀如来の救う力・はたらき（法）は、もともと一つのものであって、別々のものではありません。これが機法一体です。このように「南無阿弥陀仏」が衆生の信心となってはたらいている念仏の声に、阿弥陀如来の確かなはたらきを感じることができます。

例話をうけて

私たちは、物事がうまく運んでいる時は、救いなんて必要ないと思っているかもしれません。しかし、人生は思い通りにいかないことがたくさんあります。そんな時、苦悩に打ちひしがれて、救いを求めるのではないでしょうか。ひとり悲しみにくれるかもしれません。苦しみの底に沈むかもしれません。あるいは、救いを求めてお念仏を称え続けるかもしれません。

しかしそれ以前に、私が阿弥陀さまに出あえていないように思えていても、阿弥陀さまはつねによびかけていてくださったのでした。つねにそばに寄り添っていてくださったのでした。お念仏は、「どうかお救いください」とお願いするのではなく、阿弥陀さまからの救いのはたらきかけに気づいて、「はい、おまかせします」という心持ちから出てくる尊いものだったのです。お念仏の生活は、阿弥陀さまに支えられて生きていく道です。

善導大師は、六字の「南無」について、「帰命」であり「発願回向」の義があると示されます。そして「阿弥陀仏」とは、その「行」であるとされます。「阿弥陀仏」が「行」であるという理由は、次のようなものです。まず「行」には「造作」と「進趣」の義があるとされます。阿弥陀如来は、衆生を浄土に往生させる行を完成されました。これは阿弥陀如来の行が衆生を進趣せしめるということです。この意味で「阿弥陀仏」が「行」となるのです。このように六字には、願も行も具わっているので、六字のみ名を称えることで必ず往生できるとされるのです。

親鸞聖人は、『教行信証』「行文類」において、南無阿弥陀仏の六字全体を「帰命」「発願回向」「即是其行」の三義で解釈されます。親鸞聖人は、この「帰命」を「本願招喚の勅命」であるとし、阿弥陀如来が私たちに対して、「われに帰せよ」とよびかけているすがたであると示されるのです。このように親鸞聖人はみずからの称名を阿弥陀如来のよび声であると受け止めていかれました。なお『一念多念文意』には「称名」について、「名号《みょうごう》を称《しょう》すること、十声《とこえ》・一声《ひとこえ》、きくひと、疑《うたが》ふこころ一念《いちねん》もなければ、実報土《じっぽうど》へ生《うま》ると申《もう》すこころなり」（『註釈版聖典』六九四頁）と示されます。ここに聖人は、十回の称名、一回の称名であっても、また称名を聞くだけであったとしても、そこに疑いのこころがひと思いでもなかったならば、真実の浄土に生まれることができるといわれるのです。

また、『尊号真像銘文』（『同』六五六頁）では、「行文類」とは違った角度から、六字釈を展開されています。それは「行文類」の六字釈が「約仏の六字釈」といわれるのに対して、「約生の六字釈」と呼ばれます。もちろんそれは、私たちからのはたらきかけではありませんが、如来のはたらきを機受の心相として、すなわち私たちが如来のはたらきをそのまま受けいれたすがたで解釈されるものです。

そして蓮如上人は、『御文章』四帖第十四通では、南無阿弥陀仏の六字について、

南無《なも》の二字《にじ》は、衆生《しゅじょう》の弥陀《みだ》をたのむ機《き》のかたなり。また阿弥陀仏《あみだぶつ》の四字《しじ》は、たのむ衆生《しゅじょう》をたすけたまふかたの法《ほう》なるがゆゑに、これすなはち機法一体《きほういったい》の南無阿弥陀仏《なもあみだぶつ》と申《もう》すこころなり。

（『註釈版聖典』一一八七頁）

と「南無」の二字と「阿弥陀仏」の四字に分けて釈されています。すなわち「南無」の二字はたのむ機、すなわち衆生の信心であり、「阿弥陀仏」の四字はたすける法、摂取の願力であるといわれます。続いて、機法一体の南無阿弥陀仏を説かれています。機法一体とは、私たちの信心と阿弥陀如来の救いのはたらきが、本来一つのものであるということです。そのことは、衆生の信心は、すでに南無阿弥陀仏のよび声の中に用意されており、その如来のはたらきによって生じてくるものであるのです。そのことは、信心は衆生がみずから起こすものではないということも意味しています。

聞くことは信心なり

聞《き》くことは信《しん》心《じん》なり

母《はは》に抱《いだ》かれて笑《わら》う幼子《おさなご》は、母《はは》の慈《いつく》しみを信《しん》じて疑《うたが》うことがない。慈愛《じあい》に満《み》ちた声《こえ》を聞《き》き、ただその胸《むね》に身《み》をまかせ、大《おお》いなる安心《あんしん》のなかにある。

親鸞聖人《しんらんしょうにん》は仰《おお》せになる。

聞其名号《もんごみょうごう》といふ(う)は本願《ほんがん》の名号《みょうごう》をきくとのたまへる(え)
なり　きくといふ(う)は　本願《ほんがん》をききて疑《うたが》ふ(う)こころなきを
聞《もん》といふ(う)なり　またきくといふ(う)は　信心《しんじん》をあらはす(わ)御《み》

のりなり

南無阿弥陀仏《なもあみだぶつ》は、「必《かなら》ず救《すく》う、われにまかせよ」との慈《じ》愛《あい》に満《み》ちた如来《にょらい》のよび声《ごえ》。このよび声《ごえ》をそのまま聞《き》いて疑《うたが》うことがない、それを信心《しんじん》という。

自分《じぶん》の見方《みかた》をより処《どころ》とし、自分勝手《じぶんかって》な思《おも》いで聞《き》くのであれば、如来《にょらい》の慈愛《じあい》のよび声《ごえ》をそのままに聞《き》くことにはならない。

母《はは》の慈愛《じあい》の思《おも》いが、幼子《おさなご》の安心《あんしん》となるように、如来《にょらい》のよび声《ごえ》が、そのまま私《わたくし》たちの信心《しんじん》となる。

〈聖典のことば〉

「聞其名号《もんごみょうごう》」といふは、本願《ほんがん》の名号《みょうごう》をきくとのたまへるなり。きくといふは、本願《ほんがん》をききて疑《うたが》ふこころなきを「聞《もん》」といふなり。またきくといふは、信心《しんじん》をあらはす御《み》のりなり

『一念多念文意』（『註釈版聖典』六七八頁）

▼出典解説

これは、『一念多念文意』において、『仏説無量寿経（大経）』の本願成就文「聞其名号」を解説したものです。『一念多念文意』は、一念や多念に偏執してはならないことを説く聖典です。そこで、名号を聞くということは、本願の救いを聞いて疑いがなくなることが、本当に聞くということであり、それがそのまま信心であると説かれます。

▼現代語

「聞其名号」というのは、本願の名号を聞くと仰せになっているのである。聞くというのは、如来の本願を聞いて、疑う心がないのを「聞」というのである。また聞くというのは、信心をお示しになる言葉である。

（『一念多念文意（現代語版）』五頁）

〝聞即信〟を味わう

本願成就文には、「聞其名号信心歓喜」とあります。浄土真宗における、この聞と信の関係には、大きな特徴があります。私たちは、ふつう、何かを聞いて、それを自分の判断で信じるか、信じないかを決めたりします。ところが浄土真宗の信心は、本願の救いを聞いて、そこで聞いた教えをみずからの判断で信じるというのとは少し違います。私の判断で信じるのではなく、本願の救いをそのままに聞くことが信となります。これを聞即信といいます。私の納得具合で救われていくのではありません。願力によって救われていく、これをそのまま聞く心持ちが信心です。

例話 1

そのままに聞く ～聞くままが信心～

ポイント

①聞即信
②はからい

ずいぶん前の話です。いつも熱心に聴聞されているお同行から、「自分なりに聴聞しているのですが、なかなか信じることができません」と相談されたことがあります。話をうかがっていると、「他力」ということが腑に落ちないので、「この教えなら信じられる」という実感がわかないというのです。そして、聴聞しても何も変わらない自分が、とても信心をいただいたとは思えないとおっしゃいます。思いつめた表情で「私がこのままで救われるとは思えないのです」と漏らされました。その時は、答えは見つかりませんでしたが、最近は、そのお同行は、「私の心が邪魔をしておりました。『おさしつかえなし、ご注文なし』ですね」とよろこばれています。

そのきっかけは、あるご法座で、ご講師さんがこんな話をされたことにあります。三河のおそのさんのお話です。

ある女性が、おそのさんに「信心を得ることができるなら、どんなことでもしますので、教えてください」とたずねました。すると、おそのさんは、「『おさしつかえなし、ご注文なし』と言い続けてみなさい」と答えます。女性はよろこんで、それを実行します。ところが信心はいっこうに得られません。そこで、女性は再び、おそのさんを訪ねます。「あれからずっと『おさしつかえなし、ご注文なし』と言い続けていますが、何ともありません。ほんとうにこんなことでいいのでしょうか」と尋ねます。すると、おそのさんは、「おさしつかえなし、ご注文なし」とだけ返します。女性は「それを聞いても何ともありません。何も変わらないのです」と言うと、おそのさんは、すかさず「おさしつかえなし、ご注文なし」と言われたのです。その重みのある言葉を聞いたとき、その女性は、ふっと心が開かれました。この「おさしつかえなし」という言葉を阿弥陀さまのおよび声として聞かれたからでありました。

阿弥陀さまは、私たちの煩悩がどれほど燃えさかろうとも「さしつかえなく必ず救う」とよびかけてくださっています。そのよび声をそのままに聞きうけるところに、信心のよろこびがあります。

〈例話①〉とみ教えの関連

私たちは、世間で生きていく中で、自分自身で判断をして行動する思考形式に慣れてしまっています。けれども浄土真宗の信心は、私自身が、「この教えを信じようか、信じまいか」と考えあぐねて、私の判断で、「少し不安もあるが、これを信じよう」と思いこむことではありません。自分でつくった心は、すぐに壊れてしまいます。浄土真宗では、本願の救いをそのままに聞いて、疑う心がなくなったところが信心です。私たちの心が煩悩を抱えていても、それを問題とせずに、「必ず救う」とはたらいてくださっているのです。そのはたらきに出あえば、大いなる安心が得られます。浄土真宗の信心は、阿弥陀如来に出あうことでめぐまれる他力回向の信心です。

阿弥陀如来の救いは、私たちの煩悩をさしつかえとすることもなければ、妄念や雑念を取り払えと注文しているのでもありません。その如来の大悲が私の心に届いたことを信心が定まったというのです。

例話 2

「大丈夫」の一言

ポイント

必ず救うという誓願

月命日のお参りをさせていただいている家のおばあちゃんが入院して、手術をすることになりました。命に関わるほどの病気でもなく、手術もおそらくうまくいくのではないかということです。しかし、当人にとっては不安があって当然です。

お話をうかがっていると、手術への不安だけでなく、周囲の人への不満があることがわかってきました。そこで尋ねてみました。

「おばあちゃん、手術に不安があるのはわかるけど、周りの人への不満って何なの？」

するとこう返ってきました。

「私もみんなが気を使って励ましてくれるのはわかるんやけど、みんなから〈がんばってね、がんばってね〉とばかり言われても困るんよ。だって、私はがんばりようがないんやから」

「なるほど、そういうことだったのか」と得心しました。ところがじつは、私も当初、帰り際にでも「がんばってね」と声をかけようと思っていたのです。そこで、尋ねてみました。

「だったら、おばあちゃん、どういうふうに声をかけてほしいの？」

すると、おばあちゃんはこう言います。

「そりゃ、〈大丈夫だよ〉とか〈安心していいよ〉とか言ってほしいねえ」

けれども、医者でもない私がそんなこと言えるはずはありません。結局、何も言えずに帰ることになりました。

しかし、翌月にお参りすると、おばあちゃんに笑顔がありました。何でも手術の前にお医者さんが「大丈夫ですよ。心配しなくていいですからね」と言ってくれたことで安心して、先生におまかせすることができたそうです。私たちもそういうふうに言ってくれる確かな人がいることで安心できるのでしょう。

〈例話②〉とみ教えの関連

阿弥陀如来が「そのまま救う」とよびかけていることに対して、自分自身でそこに何かを足したり、引いたりするような心持ちは、如来の救いをみずからはねのけて、疑っている証拠です。

阿弥陀如来は、本願に「若不生者、不取正覚」とお誓いです。これは「念仏の行者が、浄土に生まれないようなことがあれば、私自身も仏のさとりを開くことはない」という誓いです。この力強い本願の言葉によび覚まされて、自分のはからいによって閉じ込められていた深い疑いの闇が破られ、本願の言葉が真実であるという信心が私の中に開かれてきます。如来の「必ず救う、我にまかせよ」というよびかけに、そのまま身をゆだね、まかせきっている心境は、まさに大いなる安心です。

例話 3

蓋ある水に月は宿らじ

ポイント

はからい

その昔、一休禅師が、親交のあった蓮如上人に向けて、こんな歌を送ったと伝えられています。

阿弥陀にはまことの慈悲はなかりけり
たのむ衆生をのみぞたすくる

つまり、一休禅師がいうには、「阿弥陀如来に、まことの慈悲はあるのだろうか。なぜなら、たのむ衆生だけを救うのであれば、たのまない衆生は救わないことになるではないか」ということです。これは阿弥陀如来の慈悲を言い当てているとはいえません。

これに対し、蓮如上人が返歌をされます。

阿弥陀にはへだつるこころはなけれども
蓋ある水に月は宿らじ

阿弥陀如来の慈悲の光は、誰のもとにもわけへだてなく平等に注がれています。ちょうどお月さまの光のように。しかし、救われるべき私たちのほうが、ふたをしてしまっていては、その光は届きません。自分の見方を第一として、自分勝手な思いで聞くのであれば、それは阿弥陀如来の救いを疑っていることになります。そうではなく、阿弥陀如来の慈愛のよび声をそのままに聞いて、阿弥陀如来の救いにまかせるすがたが、ご信心です。そこに救われたよろこびがあります。

〈例話③〉とみ教えの関連

源空（法然）聖人は、「月かげのいたらぬ里はなけれども、ながむる人のこころにぞすむ」と詠われました。この歌は、浄土宗の宗歌にもなっています。ここにいう「月かげ」とは、月の光のことです。月の光の届かない里はありません。しかし、どれほど月の光がこうこうと輝いていても、それに気づかなければ、月の光はないのと同じです。これを阿弥陀如来の光明で味わうと、如来の慈悲の光がこの私の心にいたり届き、それに気づいて念仏を称える人の心には、阿弥陀如来が住まわれ、そして心が澄みわたっていくということです。

親鸞聖人は、『高僧和讃』「善導讃」に、

真宗念仏《しんしゅうねんぶつ》ききえつつ
一念《いちねん》無疑《むぎ》なるをこそ
希有《けう》最勝人《さいしょうにん》とほめ
正念《しょうねん》をうとはさだめたれ

（『註釈版聖典』五九二頁）

と真実信心の行人をほめたたえています。
阿弥陀如来はあらゆる人に救いのはたらきを届けています。

例話をうけて

浄土真宗では、仏願の生起本末を聞いて、疑う心がなくなったところが信心です。「聞く」といっても、ただ漫然と聞くのではありません。仏願の生起本末を聞いて、そこにはからいや疑いをまじえなくなったことが、本当に「聞く」ということです。ご本願は、この生死に迷う私たちのすがたをみた法蔵菩薩によって起こされました。そして法蔵菩薩は、すべての人を漏らさず救う法はないだろうかと思惟され、その結果、名号による救いを成就され、私たちのもとに届けようとされています。この尊いご苦労をうかがって、迷いに沈み続けていた私のありのままのすがたを知り、そのような私を間違いなく救う阿弥陀如来の本願力をそのままに聞いて、おまかせする心が他力の信心です。

阿弥陀さまが、「そのまま救う」とよびかけているのに、「そんなことはないだろう」「このままでいいはずはない」とそのままに聞くことができないすがたは、本願の救いを疑っているすがたです。そこにあるのは不安だけで、安心はありません。また、「このままでいいのか」と無反省なままに居直るのも、浄土真宗の救いとは違います。救いも安心もないのに、「このまま」でいいはずはありません。

阿弥陀さまが、「必ず救う」とよびかけることをそのままに聞いて、疑うことがないのを信心というのです。私が判断する以前にすでに届けられていたのでした。阿弥陀さまが「必ず助ける」とかねてから絶えずよびつづけていたのでした。そのよびかけに応じて「助かる」となったところが信心です。このように、「そのまま救うぞ」という阿弥陀さまの大いなる心におまかせし、身をゆだねるところには、大いなる安心があります。このご信心をめぐまれた人は、如来の光に照らされて、新たな地平が開けていき、わが身をふりかえりつつ、信心をよろこぶ生活が送られるようになっていきます。

教学的背景の解説

親鸞聖人は、本願成就文の「聞其名号信心歓喜」について、『顕浄土真実教行証文類（教行信証）』「信文類」に、

しかるに『経《きょう》』（大経・下）に「聞《もん》」といふは、衆生《しゅじょう》、仏願《ぶつがん》の生起本末《しょうきほんまつ》を聞《き》きて疑心《ぎしん》あることな

し、これを聞《もん》といふなり。「信心《しんじん》」といふは、すなはち本願力回向《ほんがんりきえこう》の信心《しんじん》なり。

（『註釈版聖典』二五一頁）

と釈されています。すなわち、「名号を聞く」ということは、「仏願の生起本末」を聞いて、疑う心がまったくなくなったところで、はじめて成立するものです。それが、信心であって、この信は、本願力によってめぐまれた心であるということができます。

「仏願の生起」とは、法蔵菩薩がなぜ本願を起こされたのかということです。「仏願の本末」とは、本願が起こされた因果のことです。言い換えると、本願がどのように完成したのかということです。親鸞聖人は『教行信証』「信文類」で、第十八願が起こされた理由を思案するなかで、

一切《いっさい》の群生海《ぐんじょうかい》、無始《むし》よりこのかた乃至今日今時《ないしこんにちこんじ》に至《いた》るまで、穢悪汚染《えあくわぜん》にして清浄《しょうじょう》の心《しん》なし、虚《こ》仮諂偽《けてんぎ》にして真実《しんじつ》の心《しん》なし。ここをもつて如来《にょらい》、一切苦悩《いっさいくのう》の衆生海《しゅじょうかい》を悲憫《ひびん》して、不可思議兆載《ふかしぎちょうさい》永劫《ようごう》において、菩薩《ぼさつ》の行《ぎょう》を行《ぎょう》じたまひし時《とき》、三業《さんごう》の所修《しょしゅ》、一念一刹那《いちねんいっせつな》も清浄《しょうじょう》ならざることなし、真心《しんしん》ならざることなし。如来《にょらい》、清浄《しょうじょう》の真心《しんしん》をもつて、円融無碍不可思議不可称不可説《えんにゅうむげふかしぎふかしょうふかせつ》の至徳《しとく》を成就《じょうじゅ》したまへり。

（『同』二三一頁）

【現代語】

すべての衆生は、はかり知れない昔から今日この時にいたるまで、煩悩に汚《けが》れて清らかな心がな

く、いつわりへつらうばかりでまことの心がない。そこで、阿弥陀仏は、苦しみ悩むすべての衆生を哀れんで、はかり知ることができない長い間菩薩の行を修められたときに、その身《しん》・口《く》・意《い》の三業に修められた行はみな、ほんの一瞬の間も清らかでなかったことがなく、まことの心でなかったことがない。如来は、この清らかなまことの心をもって、すべての功徳が一つに融《と》けあっていて、思いはかることも、たたえ尽すことも、説き尽すこともできない、この上ない智慧の徳を成就された。

（『顕浄土真実教行証文類（現代語版）』一九六―一九七頁）

と示されています。仏願が起こされた因由は、迷いの世界に沈む私たちは、きよらかな心、まことの心を持っていないからだということです（生起）。穢悪汚染《えあくわぜん》、虚仮諂偽《こけてんぎ》の私たちは、みずからの力で迷いの世界を抜け出すことができません。だからこそ「必ず救う」という本願を起こされ、兆載永劫の修行をされました（本）。そして、この私を救う法として、本願の名号が完成されたのです（末）。迷いの世界を抜け出す能力のない私をさとりの世界へと導くのは、ここに活動している名号の力です。

ところが、「必ず救う」という本願名号の救いに対して、自分の価値判断をまじえて聞いていることがあるかもしれません。それは本願のいわれを聞き損なっているすがたです。親鸞聖人は、それを「信罪福心」といわれ、厳しく誡められました（本書九二頁参照）。そうではなく、聞いたままに、はからいをまじえず、そのまま信となることが、「聞即信」といわれる第十八願の信心です。

今ここでの救い

今《いま》ここでの救《すく》い

念仏《ねんぶつ》の教《おし》えにあうものは、いのちを終《お》えてはじめて救《すく》いにあずかるのではない。いま苦《くる》しんでいるこの私《わたくし》に、阿弥《あみ》陀如来《だにょらい》の願《ねが》いは、はたらきかけられている。親鸞聖人《しんらんしょうにん》は仰《おお》せになる。

信心《しんじん》の定《さだ》まるとき往生《おうじょう》また定《さだ》まるなり

信心《しんじん》いただくそのときに、たしかな救《すく》いにあずかる。如《にょ》来《らい》は、悩《なや》み苦《くる》しんでいる私《わたくし》を、そのまま抱《だ》きとめて、決《けっ》して捨《す》てることがない。本願《ほんがん》のはたらきに出《で》あうそのときに、煩悩《ぼんのう》をかかえた私《わたくし》が、必《かなら》ず仏《ほとけ》になる身《み》に定《さだ》まる。

苦《くる》しみ悩《なや》む人生《じんせい》も、如来《にょらい》の慈悲《じひ》に出《で》あうとき、もはや苦《く》悩《のう》のままではない。阿弥陀如来《あみだにょらい》に抱《いだ》かれて人生《じんせい》を歩《あゆ》み、さとりの世界《せかい》に導《みちび》かれていくこととなる。

まさに今《いま》、ここに至《いた》りとどいている救《すく》い、これが浄土真《じょうどしん》宗《しゅう》の救《すく》いである。

〈聖典のことば〉

真実信心《しんじつしんじん》の行人《ぎょうにん》は、摂取不捨《せっしゅふしゃ》のゆゑに正定聚《しょうじょうじゅ》の位《くらい》に住《じゅう》す。このゆゑに臨終《りんじゅう》まつことなし、来迎《らいこう》たのむことなし。**信心《しんじん》の定《さだ》まるとき往生《おうじょう》また定《さだ》まるなり。**

『親鸞聖人御消息』（『註釈版聖典』七三五頁）

▼出典
▼解説

このご文は、『親鸞聖人御消息』第一通「有念無念の事」にあります。『親鸞聖人御消息』は、親鸞聖人が関東から京都に帰られて遷化《せんげ》されるまでに、関東各地の門弟に与えられた手紙のことで、四十三通が残っています。この「有念無念の事」では、臨終に正念を祈り、有念か無念であるかを議論することは、どちらも浄土真宗の法義にかなっていないことが示されています。そして、浄土真宗は、信心の定まる時に、往生が定まることが明らかにされます。

▼現代語

真実の信心を得た人は、阿弥陀仏が摂め取ってお捨てにならないので正定聚の位に定まっています。だから、臨終の時まで待つ必要もありませんし、来迎をたよりにする必要もありません。信心が定まるそのときに往生もまた定まるのです。

（『親鸞聖人御消息（現代語版）』三―四頁）

〝正定聚のよろこび〟を味わう

第十九願に誓われた諸行によって往生を願う人びとは、臨終に聖衆《しょうじゅ》の来迎を期待します。この来迎を受けるためには、臨終に心乱れることなく、正念の境地で往生を願わなければなりません。そして臨終の来迎を待たなければ、往生できるかどうかわかりません。これに対して、第十八願（本願）の救いは、いまここで阿弥陀如来の摂取不捨の救いにあっているので、ひとたび摂め取られたならば、決して捨てられることはありません。ですから、真実信心の人は、臨終をどのように迎えようとも、阿弥陀如来に抱かれて必ず浄土に往生することができるのです。

例話 1

藤原道長の最期

ポイント　臨終来迎

平安時代の浄土教は臨終来迎を期待する教えでした。かの藤原道長（九六六―一〇二八）も命終に臨んで、極楽往生を願い、念仏を申したというエピソードが残っています。道長は法成寺などを建て「御堂関白」とも呼ばれました。息子の頼通は、あの平等院鳳凰堂を建てています。それらは、彼らの財力がなしたものです。その豪華絢爛な法成寺の無量寿院（阿弥陀堂）を建立することは、阿弥陀如来を観察《かんざつ》するために適した空間を創り出すためでした。道長は晩年に法成寺の無量寿院にこもって隠居生活を送ります。『御堂関白記』によれば、道長は、一日に十何万遍も念仏を称えていたそうです。時に道長五十六歳、肉体的にも相当な苦行だったことでしょう。また、口称の念仏だけではなく、阿弥陀如来の相好を観察するという行もしたそうです。

そして臨終に臨む道長は、法成寺の阿弥陀堂の御本尊の前で、九体の阿弥陀如来の手から五色の糸を延ばし、それを自分の手に結び、北枕で顔を西に向け、床に臥しました。そのような状態で、大勢の僧侶に囲まれて、臨終来迎を願う念仏と読経がなされたそうです。道長本人も息を引き取りつつ、念仏を称えているようであったと伝えられています。こうして極楽往生を果たしたと伝えられることもありますが、実際には病気に苦しみながら息絶えていったとも伝えられます。

〈例話①〉とみ教えの関連……………………………

臨終来迎を期待する教えであれば、どれほどの人が救われていくのでしょうか。浄土真宗は、臨終来迎を期待する教えではありません。いまここで阿弥陀如来に抱きかかえられて、確かな救いにあずかります。摂取不捨の阿弥陀如来ですから、現生で正定聚に住することができるのです。今ここで如来の慈悲につつまれ、苦しみの人生であっても、如来の本願に出あえたよろこびとともに人生を歩み、さとりの世界へと導かれていく教えが、浄土真宗です。

例話 2

安心の迷子

ポイント

①摂取不捨
②現生正定聚

たくさんの人が集まっている遊園地に家族で遊びに行った時の出来事です。ハッと気付いた時には、幼い娘がはぐれて迷子になってしまいました。

娘は、お父さんとお母さんを捜そうと右往左往しますが全く見つかりません。「お父さん、お母さんにもう会えない。お家に帰れない」そう思うと、次から次に涙が出てきて、大泣きに泣いていました。しばらくして、お母さんが見つけてくれ、無事に再会できました。

お母さんは、「お父さんお母さんを捜そうとウロウロしたらダメ。迷子になったら近くのお店でお土産を見て待ってなさい。必ずお父さんとお母さんが見つけ出してお家に連れて帰ってあげるから」と娘に言い聞かせたのです。

一日楽しく過ごして家路につきかけた頃、また娘が迷子になってしまいました。やっとのことで見つけだしたとき、娘の様子に驚かされました。大泣きもせず、ウロウロもしていません。

それどころか、目を輝かせてお土産物を眺めていたのです。思わず「お父さんが心配して探しているのに、あなた、ここで何をしているの？」と言うと、娘はケロッとした顔でこう言いました。

「迷子になったから、ここで待っていたの」

最初に迷子になった時は、寂しくて悲しくて大泣きに泣いて右往左往するしかありませんでした。しかし再び迷子になったときは、迷子になったことに気付き、お土産を楽しそうに見ていたのです。

〈例話②〉とみ教えの関連

往生決定が臨終の時であったら、私たちは、臨終を迎えるまで不安で仕方がないと思います。あるいは臨終の時に、正念をたもち、念仏を称えられるであろうかと不安に思うかもしれません。しかし、浄土真宗は現生《げんしょう》正定聚（信心獲得時に浄土往生がまさしく定まり、必ずさとりの仏となることが決定すること）、平生業成《へいぜいごうじょう》（臨終を待たずに、平生に信心を得た時に、浄土往生が確定すること）の教えです。浄土真宗では、〈聖典のことば〉にあるように、摂め取って決して捨てない阿弥陀如来のはたらきにより、必ず往生成仏の定まった正定聚の身となります。いまここで救われたよろこびがあり、それは浄土往生が必然となることです。

例話3

はじめてのおつかい

ポイント

①摂取不捨
②現生正定聚

『はじめてのおつかい』という番組で紹介されたお話です。

四歳の女の子がおじいちゃんの三七日にお供え物を買いにでかけました。出かけるに際して、お母さんがおじいちゃんのネクタイを仕立て直した、小さなカバンを「何かあっても、おじいちゃんが一緒だからね」と言って持たせました。

順調に思えたおつかいでしたが、途中の分かれ道でどちらに行けばよいのか迷ってしまいました。今にも泣き出しそうになって、キョロキョロ周りを見渡しますが、どうしようもありません。ハッと、突然、肩にかけていた小さなカバンのことを思い出しました。そして、そのカバンをさすりながら、「おじいちゃん、どっちかな。こっちかな」と話しかけたのです。

すると、それまで目に一杯の涙をためて今にも泣き出しそうだった女の子の表情は、少しだけ安心した様子に変わりました。道に迷っている事態に何も変わりはないはずなのに、おじいちゃんが一緒に居てくれるという、ただそれだけで、心強く感じ、気持ちが少しだけ落ち着いたのです。落ち着いて相談しながら道を選んで、無事にはじめてのかいものをやり遂げたのでした。

〈例話③〉とみ教えの関連……………………………

『浄土和讃』「弥陀経讃」に、

十方恒沙《じっぽうごうじゃ》の諸仏《しょぶつ》は
極難信《ごくなんしん》ののりをとき
五濁悪世《ごじょくあくせ》のためにとて
証誠護念《しょうじょうごねん》せしめたり

（『註釈版聖典』五七一頁）

とあります。十方世界のガンジス河の砂の数ほどたくさんいらっしゃる諸仏方は、本願名号のいわれを聞信することひとつで凡夫が仏になるという常識では極めて信じがたい法を説き、五濁悪世の衆生のために、それが間違いないことを証明し、念仏の信心をすすめて、その信心がゆらがないように、お護りくださっています。ちなみに、五濁悪世とは、五種の濁りのある悪い世界のことです。五濁とは、劫濁（時代のけがれ、社会悪が増大すること）、見濁（思想・見解の乱れがはびこること）、煩悩濁（貪欲・瞋恚・愚痴などの煩悩が盛んになること）、衆生濁（衆生の資質が低下し、十悪をほしいままにすること）、命濁（衆生の寿命が短くなること）の五つを指します。

また、親鸞聖人は、信心を獲得した人が現生に得られる利益として、「諸仏護念《しょぶつごねん》の益《やく》」「心《しん》光常護《こうじょうご》の益《やく》」（『同』二五一頁）をあげておられます。念仏者はすでに仏のさとりをひらかれた諸仏に護られ、いついかなる時も阿弥陀如来の光に護られているのです。
お念仏をいただく人生は、迷いの中にいながらも、阿弥陀さまや諸仏がいつも一緒にいてくださって、念仏の道を歩むように護ってくださっているからこそ、安心のなかに歩ませていただけるのです。（難信については、本書八六頁参照）

例話をうけて

浄土教というと、この世でのいのちを終えた後に、浄土に生まれていき、そこで救われる教えというイメージがあるかもしれません。確かにそれも浄土教の救いですが、浄土真宗は、いまここで救われて、いのち終えた後も救われていく教えです。阿弥陀さまは、いまここで苦しむ私に、いつも大いなる慈悲をそそいでくださっているのです。

阿弥陀さまは、五濁悪世にあって、苦悩をかかえて生きている私を抱きかかえられて、真実のさとりの世界へと導かれるのです。阿弥陀さまが、この私の苦悩をともに背負うことで、苦悩がたんに苦悩のままに終わらない、苦悩の真っ直中によろこびが見いだされていくという救いがもたらされます。阿弥陀さまは、この私の苦しみをご自身の苦しみと受けとって、私の人生をともに歩んでくださるのです。そして、ひとたび摂め取ったならば、決して捨てることのない仏さまなので、いまここに確かな救いが届けられ、私たちが命終の時、どのように終わっていこうとも、間違いなくお浄土へと導かれていくのです。

教学的背景の解説

阿弥陀如来の救いは「摂取不捨」です（摂取不捨については本書六八―六九頁参照）。だからこそ、その救いにあずかった者は、現生において正定聚に住することができるのです。「正定聚」とは、必ず仏果に至るに定まった位のことです。仏教において、衆生をその根機（素質や能力）によって、三聚に分類することがあります。そのひとつが正定聚で、それと邪定聚、不定聚とがあります。邪定聚は、さとることのない衆生、不定聚は、正でも邪でもなく、縁によって迷いにもさとりにも向かうともがらのことです。親鸞聖人は、第十九願の行者を邪定聚、第二十願の行者を不定聚と位置づけています。

そして正定聚は、一般には菩薩の初地あるいは八地の位とされますが、親鸞聖人は『御消息』に、

真実信心《しんじつしんじん》の行人《ぎょうにん》は、摂取不捨《せっしゅふしゃ》のゆゑに正定聚《しょうじょうじゅ》の位《くらい》に住《じゅう》す。このゆゑに臨終《りんじゅう》まつことなし、来迎《らいこう》

たのむことなし。信心《しんじん》の定《さだ》まるとき往生《おうじょう》また定《さだ》まるなり。

（『註釈版聖典』七三五頁）

【現代語】

真実の信心を得た人は、阿弥陀仏が摂め取ってお捨てにならないので正定聚の位に定まっています。だから、臨終の時まで待つ必要もありませんし、来迎をたよりにする必要もありません。

（『親鸞聖人御消息　恵信尼消息（現代語版）』三一四頁）

といわれ、信心獲得したその時に正定聚に住することができると断言されたのです。さて、当時の浄土教の常識では、臨終のあり方が、浄土に往生できるかどうかにとって重要な要素でした。しかし真実信心の行人は、すでに仏果に至ることが定まっているので、臨終に来迎を期待する必要はありません。『御消息』に、

まづ善信《ぜんしん》（親鸞）が身《み》には、臨終《りんじゅう》の善悪《ぜんあく》をば申《もう》さず、信心決定《しんじんけつじょう》のひとは、疑《うたがい》なければ正定聚《しょうじょうじゅ》に住《じゅう》することにて候《そうろ》ふなり

（『同』七七一頁）

【現代語】

わたし自身としては、どのような臨終を迎えようともその善し悪しは問題になりません。信心が定まった人は、本願を疑う心がないので正定聚の位に定まっているのです。

（『同』六一一頁）

といわれるように、臨終のあり方は問題となりません。『御伝鈔』下の第六段には、親鸞聖人のご臨終の様子について、とくに奇瑞もなく、しずかに念仏の息が絶え終わったと記されています。『恵信尼消息』にも、

されば御《ご》りんずはいかにもわたらせたまへ、疑《うたが》ひ思《おも》ひまゐらせぬうへ
（ですから、臨終がどのようなものであったとしても、聖人の浄土往生は疑いなく）
（『註釈版聖典』八一三頁、『親鸞聖人御消息　恵信尼消息（現代語版）』一二六頁）

と伝えられています。

親鸞聖人が歩まれたように、現生において、「生死出づべき道」が確かめられるところに救いがあり、そこに大きなよろこびがもたらされます。そして信心の人は、いつでも阿弥陀如来の慈悲に包まれたよろこびの人生を歩み、臨終の時には阿弥陀如来に導かれて浄土へと迎えとられるのです。

愚者のよろこび

愚《ぐ》者《しゃ》のよろこび

阿弥陀如来《あみだにょらい》は、「必《かなら》ず救《すく》う、われにまかせよ」とよびかけておられる。そのよび声《ごえ》を通《とお》して、確《たし》かな救《すく》いのなかにあることをよろこぶとともに、ありのままの私《わたくし》の姿《すがた》を知《し》らせていただく。

如来《にょらい》の光《ひかり》に照《て》らされて見《み》えてきた私《わたくし》の姿《すがた》は、煩悩《ぼんのう》に満《み》ちみちた迷《まよ》いの凡夫《ぼんぶ》であった。確《たし》かなものなど何一《なにひと》つ持《も》ち得《え》ない愚《おろ》かな私《わたくし》であったと気《き》づかされる。

親鸞聖人《しんらんしょうにん》は、法然聖人《ほうねんしょうにん》より、

愚者《ぐしゃ》になりて往生《おうじょう》す

との言葉《ことば》をうけたまわり、感慨《かんがい》をもってお手紙《てがみ》の中《なか》に記《しる》された。

このような私《わたくし》だからこそ、救《すく》わずにはおれないと、如来《にょらい》は限《かぎ》りない大悲《だいひ》を注《そそ》いでおられる。この深《ふか》き恵《めぐ》みをよろこばせていただくより他《ほか》はない。

〈聖典のことば〉

故法然聖人《こほうねんしょうにん》は、「浄土宗《じょうどしゅう》の人《ひと》は**愚者《ぐしゃ》になりて往生《おうじょう》す**」と候《そうら》ひしことを、たしかにうけたまはり候《そうら》ひしうへに、ものもおぼえぬあさましきひとびとのまゐりたるを御覧《ごらん》じては、「往生必定《おうじょうひつじょう》すべし」とて、笑《え》ませたまひしを、みまゐらせ候《そうら》ひき。

『親鸞聖人御消息』（『註釈版聖典』七七一頁）

▼出典解説

このご文は、親鸞聖人が常陸（現在の茨城県）の乗信房に宛てたお手紙のなかのお言葉です。

▼現代語

今は亡き法然聖人が、「浄土の教えを仰ぐ人は、わが身の愚かさに気づいて往生するのである」と仰せになっていたのを確かにお聞きしましたし、何もわからない無知な人々が来るのをご覧になっては、「間違いなく往生するであろう」とほほえまれていたのを拝見しました。

（『親鸞聖人御消息　恵信尼消息（現代語版）』六一―六二頁）

〝愚者の救い〟を味わう

「愚者になる」という時の「愚者」とは、人と人をくらべて評価するような、相対的な意味での「おろかもの」といった意味とは違います。ここにいう「愚者」とは、如来のような智慧は持ち合わせず、罪業を繰り返して生きるほかはない無智愚悪の人を指します。みずからが無智で愚悪なる者であると気づくのは、阿弥陀如来の光に照らされることで、自分のありのままのすがたが見えてきたからです。そういう人こそ、浄土に往生できるのです。「愚者」というみずからの影が見えるのは、光に照らされたからこそでしょう。逆に、みずからの知識を誇って物知り顔をしたり、驕りの心によって人を見下したりするような人は、往生できるかどうか心配だといわれるのです。

例話 1

暗闇を照らす光

ポイント
①愚　者
②二種深信

ずいぶん昔、学生の頃に佐渡島に行ったときのことです。夏の海岸は人も数えるほどでした。車の中で寝るつもりだったのですが、夕方頃に海岸で海をながめていたら、うかつにもそこで寝込んでしまいました。夜になって目が覚めると、星が燦々と輝き、とてもきれいでした。ところが、あたりは真っ暗で何も見えません。十メートルほど先にある車まで、懐中電灯を取りに行きたいのですが、前が見えません。ゆっくりとすり足で前に進むのですが、木にぶつかったり、何かにつまずいたり、ひっかかったり。真っ暗で、それが何かわからないものですから、いっそう恐怖心がつのります。

そんな感じで何とか車にたどりつき、懐中電灯を手にします。そして懐中電灯を点けると、つまずいた木が松であるとか、ひっかかったところは草むらの穴であったとか、すぐにわかりました。明かりに照らされて、はじめて見えたのでした。

私たちのほんとうのすがたは、阿弥陀さまの光に照らされて、はじめて見えてきます。その私のありのままのすがたとは、煩悩に満ちみちた迷いの凡夫でありました。

〈例話①〉とみ教えの関連……………………

曇鸞大師の『往生論註』に「千歳の闇室」（『註釈版聖典七祖篇』九七頁）というたとえがあります。それは、たとえ千年もの間、一度も光の入ったことのない闇に閉ざされた部屋があったとしても、この部屋に少しでも光が入れば、たちまちに闇は破られ明るくなるというものです。千年もの間、闇に閉ざされていたからといって、その暗闇が光を遮ることはありません。同じように、迷いの闇は真実の光によって、たちまちに破られるのです。

そして、闇は光に照らされて、そこが闇であったと知ることができます。そして以前には見えなかったことが見えてくるはずです。

例話 **2**

救いの目当て ～あらゆるものを救いとる～

ポイント

救いの目当て

あるところに七人の子どもを授かった夫婦がいました。その夫婦は、七人の子どもみんなに等しく愛情を注いで、大切に育てていました。ところがある時、七人の子どもの一人が病気になってしまったのです。そうなると、この病気の子どものことが、何よりも気がかりで仕方がありません。七人の子どもに等しく愛情をかけていることに変わりはないのですが、どうしても病気の子どもにかかりっきりとなってしまうのでした。これをえこひいきと思われるでしょうか。決してそんなことはありません。

あらゆる者を救おうとしておいでの阿弥陀さまは、すべての者を等しく慈悲の心で見ておいでです。そんななか、もっとも気がかりなのは、煩悩にまみれて苦悩を抱えている、最も救われがたい、この私であったのです。

〈例話②〉とみ教えの関連

この例話は、親鸞聖人が、『顕浄土真実教行証文類（教行信証）』「信文類」に『涅槃経』から引用したご文をもとにつくりました。それはつぎのとおりです。

たとへば一人《いちにん》にして七子《しちし》あらん。この七子《しちし》のなかに一子《いっし》病《やまい》に遇《あ》へば、父母《ぶも》の心《こころ》平等《びょうどう》ならざるにあらざれども、しかるに病子《びょうし》においては心《こころ》すなはちひとへに重《おも》きがごとし。大王《だいおう》、如来《にょらい》もまたしかなり。

（『註釈版聖典』二七九頁）

【現代語】

たとえばあるものに七人の子がいたとしましょう。その七人の子の中で一人が病気になれば、親の心は平等でないわけはありませんが、その病気の子にはとくに心をかけるようなものであります。王さま、如来もまたその通りです。

（『顕浄土真実教行証文類（現代語版）』二八三頁）

このご文が引用される文脈は、父である頻婆娑羅《びんばしゃら》王を殺してしまった阿闍世《あじゃせ》王が釈尊の慈悲によって救われていくというものです。阿闍世は父を死に追いやった後、その罪の重さを悔いて、耐えがたい苦悩に陥り、苦痛に苛まれます。そんな悪人こそが、如来の救いの目当てです。ふつうに考えれば、こうした悪人は処罰の対象であるのかもしれませんが、こうした救われがたい煩悩具足の凡夫を救うという誓いが阿弥陀如来の本願であったのです。

例話 3

私の頭には角がある

ポイント

①愚　者
②悪人正機

石見の妙好人の浅原才市さん（一八五〇―一九三二）は、お念仏を非常によろこんだ人として有名です。その才市さんが、ある時、日本画専門の画家に自分の肖像画を描いてもらいました。その絵をみて、まわりの人びとは口々に「これは才市さんによく似ている」と言っています。でも才市さんは、どこか不満げで「これは全然似ていない」と言います。そこで、その画家が「どこが似ていないのですか?」と尋ねました。そうすると才市さんは、「いい顔でありすぎる」と答えます。

確かにその絵は、才市さんがきちんと正座をして、合掌している美しい念仏者のすがたです。しかしそれが才市さんは気に入らなかったのです。そして「私はこんないい人間じゃない。鬼のようなおそろしい心を持って、人を憎んだり、ねたんだり、恨んだりするあさましい人間である」と言うのです。そこで画家は「どうすれば、あなたに似るのですか」と尋ねると、才市さんは「頭に角を書いてください。人の心をつきさして傷つけるおそろしい角を持っていることをその絵に描いてください」と言ったのでした。

その絵描きさんは、驚きながらも、しぶしぶその絵に角を描き加えたそうです。すると、才市さんは、「これでやっと私に似た絵になった」とよろこんだといいます。

角があるのは、機のありさまをあらわしています。煩悩しか持ち合わせていなかった機が、合掌しているすがたは、法が機の上にあらわれたすがたです。念仏者は、臨終を待たずして、いまここで如来の大悲にいだかれ、安住の地を得ているのです。

〈例話③〉とみ教えの関連

浄土真宗の大きな特徴のひとつに悪人正機という教えがあります。「悪人こそが阿弥陀如来の救いの目当てである」という意味です。この悪人正機という教えが誤解されることが多いようですが、その悪とは、決して社会的な善悪の悪や法律で規定される悪ではありません。この延長線上で考えて、悪人が救われるとなると、それは不条理な教えとなってしまいます。そうではなく、悪人正機の悪人とは、仏教の善悪の基準にもとづくものです。仏教でいう悪とは、十悪・五逆といった罪を犯す人のことです。十悪・五逆とは、少し例をあげると、生き物を殺し、嘘偽りの言葉を発し、怒りや貪りの心を生じたりすることです。こうして考えると、悪人とは、日々の生活の中で、いのちを犠牲にし、自己中心的な煩悩に支配されて、迷いの中にあり続けるこの私のことであると知らされます。浄土真宗は、みずから煩悩を滅していくというよりは、自身の心の奥に根ざす煩悩に気づかされていく教えです。同時に、こうしたみずからの罪業性が、阿弥陀如来の救いの目当てとなるのです。私たちは、煩悩という病いによって苦しんでいる悪人こそを救うという慈悲の光に照らされて、念仏者として育まれていくのです。

この悪人正機という考え方は、決して安易に悪を肯定するのではありません。阿弥陀如来が、どれほど煩悩の苦しみを心配してくださっているかを知るならば、「悪いことをしてもいい」と開き直れるはずはありません。法然聖人は、如来の本願を父母の慈悲にたとえて、次のように述べられています。

悪人までをもすて給はぬ本願としらんにつけても、いよ〳〵ほとけの知見をば、はづべし、かなしむべし。父母の慈悲あればとて、父母のまへにて悪を行ぜんに、その父母よろこぶべしや。なげきながらすてず、あはれみながらにくむ也。ほとけも又もてかくのごとし。

（『和語灯録』『浄土真宗聖典全書 六』五七五頁）

悪人を捨てないという本願に出あうことで、私たちの心の中に、みずからを恥じて、悲しむ心が出てきます。本願は悪人であるこの私を決して捨てることがないからといって、如来が悪業を重ねることをよろこぶはずはありません。悪行をしてしまう私たちに対して、嘆きながらも決して見捨てないはたらきが、如来の本願です。

例話をうけて

聖道門は、みずからが持っている智慧を磨き、上へ上へと高めていく教えです。浄土真宗は、その法義を聞けば聞くほど下がっていく教えです。しかし、それは何も世間で上がっていくことを否定するわけではありません。たとえば、世間のなかで、学校の成績や社会での地位が上がっていくことをもちろん否定はしません。ところが、上がっていく反面で、他人を蹴落として自分だけが勝ち上がろうとする生き方をするならば、他人を傷つけ、それによって自分自身も傷つけてしまいます。私たちは、つい成績や地位にこだわりますが、仏さまの智慧の前では、そうしたことがらは問題となりません。

そのような生き方をしていた自分が、仏さまの光に照らされた時、他人を傷つけ、自分も傷つき、愚かで浅ましい自分に気づかされます。そこに確かなお慈悲の救いも届いているのです。ありのままの自分を自覚していくなかで、時には底知れぬ闇の底に落ちていくような気持ちにさえなるかもしれませんが、そのような人をしっかりと受け止めるはたらきが、仏さまの大悲です。

教学的背景の解説

法然聖人は、「愚者になりて往生す」と伝えてくださいました。病床にあった法然聖人が、往生される二日前に源智上人の要請によって、みずから筆をとって書かれたお聖教に『一枚起請文』というものがあります。その内容の中心は、念仏往生につきますが、念仏者が智者の振るまいをすることを厳しく誡められています。法然聖人の念仏は、智者が議論しているような観念の念仏でもなく、学問を重ねて念仏の意味をくわしく知った上での念仏でなければならないこともありません。人間の智慧に拘泥して、念仏の教えを詮索するような傲慢さは厳しく誡められていたのでした。ただ、往生が疑いないことを信じて念仏を称えることを勧められています。

また親鸞聖人が、法然聖人の説法を記録した『西方指南抄』には「聖道門の修行は、智慧をきわめて生死をはなれ、浄土門の修行は、愚癡にかへりて極楽にむまる」（『浄土真宗聖典全書 三』一〇二六頁）とあります。阿弥陀如来に愚者であることを見抜かれた私が、浄土へと生まれていくのです。

阿弥陀仏の薬

阿弥陀仏《あみだぶつ》の薬《くすり》

阿弥陀如来《あみだにょらい》の光《ひかり》に照《て》らされて知《し》ることのできた私《わたくし》の姿《すがた》は、煩悩《ぼんのう》に満《み》ちた迷《まよ》いの凡夫《ぼんぶ》である。

しかし同時《どうじ》に、この如来《にょらい》の光《ひかり》は、私《わたくし》たちの「むさぼり」、「いかり」、「おろかさ」の三毒《さんどく》の煩悩《ぼんのう》の治療《ちりょう》もしてくださる。

親鸞聖人《しんらんしょうにん》は、お手紙《てがみ》の中《なか》で、

もとは無明《むみょう》の酒《さけ》に酔《え》ひ《(い)》て　貪欲《とんよく》・瞋恚《しんに》・愚痴《ぐち》の三毒《さんどく》を
のみ好《この》みめしあ《(お)》うて候《そうら》ひ《(い)》つるに　仏《ぶつ》のちかひ《(い)》をききは

じめしより　無明《むみょう》の酔《え》ひ《（い）》もやう《（よ）》やう《（よ）》すこしづつさめ三毒《さんどく》をもすこしづつ好《この》まずして　阿弥陀仏《あみだぶつ》の薬《くすり》をつねに好《この》みめす身《み》となりておは《（わ）》しましあ《（お）》うて候《そうろ》ふ《（う）》ぞかし

と仰《おお》せになる。

第三十三《だいさんじゅうさん》の願《ねが》いには、「如来《にょらい》の光《ひかり》に触《ふ》れる者《もの》は、身《み》も心《こころ》も柔軟《にゅうなん》になる」と誓《ちか》われる。この「如来《にょらい》の光《ひかり》」とは、具体《ぐたい》的《てき》には「むさぼり」には「清浄光《しょうじょうこう》」が、「いかり」には「歓喜光《かんぎこう》」が、「おろかさ」には「智慧光《ちえこう》」が「阿弥陀仏《あみだぶつ》の薬《くすり》」としてはたらき、だからこそ、頑《かたく》なな私《わたくし》の心《こころ》が治療《ちりょう》され、身《み》も心《こころ》も柔軟《にゅうなん》になるのである。

〈聖典のことば〉

まづおのおの、むかしは弥陀《みだ》のちかひをもしらず、阿弥陀仏《あみだぶつ》をも申《もう》さずおはしまし候《そうら》ひしが、釋迦《しゃか》・弥陀《みだ》の御方便《ごほうべん》にもよほされて、いま弥陀《みだ》のちかひをもききはじめておはします身《み》にて候《そうろ》ふなり。**もとは無明《むみょう》の酒《さけ》に酔《え》ひて、貪欲《とんよく》・瞋恚《しんに》・愚痴《ぐち》の三毒《さんどく》をのみ好《この》みめしあうて候《そうら》ひつるに、仏《ぶつ》のちかひをききはじめしより、無明《むみょう》の酔《え》ひもやうやうすこしづつさめ、三毒《さんどく》をもすこしづつ好まずして、阿弥陀仏《あみだぶつ》の薬《くすり》をつねに好《この》みめす身《み》となりておはしましあうて候《そうろ》ふぞかし。**

『親鸞聖人御消息』（『註釈版聖典』七三九頁）

▼出典

これは、「建長四年二月二十四日」の日付を持つ、「親鸞聖人御消息」の一節です（親鸞聖人八十歳）。

解説

当時、「悪人正機」の法義を誤解した人たちによる、「造悪無碍」（どんな悪いことをしても救われる）と言われるような「放逸無慚」の行為が横行していました。親鸞聖人は、このような状況を悲しまれ、三毒の煩悩にのみ振り回される生き方から、「阿弥陀仏の薬」を好む生き方への転換を、ご教示されているのです。

▼現代語

そもそもみなさんは、かつては阿弥陀仏の本願も知らず、その名号を称えることもありませんでしたが、釈尊と阿弥陀仏の巧みな手だてに導かれて、今は阿弥陀仏の本願を聞き始めるようになられたのです。以前は無明の酒に酔って、貪欲・瞋恚・愚痴の三毒ばかりを好んでおられましたが、阿弥陀仏の本願を聞き始めてから、無明の酔いも次第に醒め、少しずつ三毒も好まないようになり、阿弥陀仏の薬を常に好むようになっておられるのです。

（『親鸞聖人御消息（現代語版）』九頁）

〝阿弥陀仏の薬〟を味わう

私たちが煩悩具足の身であることは、生涯変わることがありません。

親鸞聖人も、「無明煩悩われらが身にみちみちて、欲もおほく、いかり、はらだち、そねみ、ねたむこころおほくひまなくして、臨終の一念にいたるまで、とどまらず、きえず、たえず」（『一念多念文意』、『註釈版聖典』六九三頁）と示されている通りです。

しかし、だからと言って、「わざと悪事をはたらく」ことは許されません。「わざと」という恣意的なあり方は、本願他力のおこころに反します。阿弥陀さまを泣かせて来たことに気付いた身であれば、「もっと泣かせてやろう」と思うはずはありません。これからは、少しでも泣かせることのないようにつつしむ身へと変わっていくはずです。

もともと、「かつて一善もなし」（『註釈版聖典』六九頁）と言われる私たちですから、「つつしむ身」へと変わりうるものは、何一つ持ち合わせていません。そんな私たちが、三毒の煩悩を好まなくなるのは、「阿弥陀仏の薬」によっているからなのです。

「阿弥陀仏の薬」とは、具体的には、どういうものなのでしょう。

第三十三願を「觸光柔軟の願」と称しています。阿弥陀仏の光に触れる者は、身も心も柔軟になる」とされています。阿弥陀仏の光に出遇うと、どうして柔軟になるのでしょう。

「阿弥陀仏の光」について、『無量寿経』という経典には、「十二光」が説き示されています（『註釈版聖典』二九頁）。この「十二光」の中には、「清浄光」「歓喜光」「智慧光」の三つがあります。まず「清浄光」とは、私たちの「貪欲」に満ちた心に対して、「清浄」の徳を届けてくださいます。また、「歓喜光」は、私たちの「瞋恚」の心に、歓喜の徳を届けてくださいます。そして、私たちの「愚痴」に対しては、「智慧」の徳を届けてくださるのです。まさに、三毒の煩悩の治療薬が、「三光」と言えます。しかしながら、私たちは、「煩悩成就」の身ですから、次々と、再び煩悩が湧き起こって来ます。そのため、私たちには、絶えず治療薬を施す必要があるのです。それが、「不断光」ということでしょう。

こうして、「かつて一善もなし」と言われる私たちが、柔軟な身へと育てられ、気分次第で不機嫌になる私たちが、自然と穏やかな表情で接することができ、困った人を見かけた時には、打算とかではなく優しい言葉が掛けられることさえある（「和顔愛語」）のです。

例話 1

この程度ですけど

ポイント

学仏大悲心

私たちが普段、何かを学んでいこうとする時、「これだ」という目指すべきものを持つことは、とても大切なことです。スポーツや勉強、習い事もそうです。目標とすべきものや、仰ぐべきものがあるからこそ、そちらの方向へと少しずつ、歩みを進めていくことができるからです。これは人生や生き方についても、同じことがいえるのではないでしょうか。

随分、昔の話ですが、毎年お寺の法座へお話にきてくださる、布教使の先生がおられました。今はもうご往生された先生ですが、当時八〇歳を超えておられました。一年に一度お見えになって、浄土真宗のみ教えを味わい深くお話しくださるお方でした。

法要のお勤めが終わり、法話の時間になりますと、先生が本堂へ入ってこられます。演台の位置に立たれますと朗々とご讃題をあげられ、いよいよ法話がはじまります。ところでこの先生、話をはじめられる時に、いつも決まった言葉を述べられてから、話をはじめられるのです。それが次のような印象深い言葉でした。

本日はようこそお越しくださいました。みなさんは浄土真宗のみ教え、阿弥陀さまのお心を聞かれて人生が変わりましたか？　生き方が変わりましたか？　私は変わりましたよ。この程度ですけど。

「あなたの目指すべき生き方は、どのようなものですか?」、もしそんな問いを投げかけられた時、私たちはどのような答えを持つことができるでしょうか。一人の人間として大切なこの問いに、大きな方向性を与えてくださるのが、阿弥陀さまのお心でした。

私たちはいま、阿弥陀さまのお慈悲に包まれ、導かれてお念仏申す身にしていただきました。それは同時に、阿弥陀さまのお心を最高の真実と仰いで生きていくという、人生観の基盤が与えられていることに他なりません。そこに煩悩という、変わらない自己中心的な私でありながらも、少しでも阿弥陀さまのお心にかなうような、ご報謝の生き方を心がけようという思いが湧いてくるのではないでしょうか。

勿論、それぞれの立場や環境は違いますから、出来ることは違っていて当然です。けれど、それぞれの立場で出来ることを考え、可能であることを実践させていただくことも、尊いことのように思うのです。

「この程度ですけど」、随分昔に聞いたあの言葉を、いま深く味わい直しています。

〈例話①〉とみ教えの関連

浄土真宗には「学仏大悲心」という言葉があります。これは善導大師の『観経疏』に出てくる言葉です。

われらことごとく三乗等の賢聖の、仏の大悲心を学して、長時に退することなきものに帰命したてまつる。

（『註釈版聖典七祖篇』二九八頁）

善導大師ご自身が尊敬されるお方について、それは仏さまの大悲の心を学んで退転しない者であるといわれています。

仏教を学ぶということは、互いの痛みに共感して響き合う「いのち」に敏感になること、言葉を換えていえば、「他者の心の痛みの分かる人間にならせていただく」ことともいえます。しかし、私という存在は自分の家族や近しい人であれば、多少の共感を起こすことが出来るかも知れませんが、少し距離が離れていくと共感を起こすことが難しくなってきます。更にいうと、私たちはそれぞれにしあわせを求めて生きていますが、誰のしあわせを求めているかといえば、恐らく自分のしあわせです。そう考えると自分の周りの方に対する共感さえ、日々、忘れがちな私であるのかも知れません。だからこそ私の危ない迷いのすがたを知らせつつ、慈悲という豊かであたたかな世界のあることを、仏さまの教えは絶えず私に告げてくださっているのです。

例話 2

骨は拾ってやるから思い切ってやってみろ

ポイント

救いの利益

ずいぶん前のことですが、会社の上司が仕事で悩んでいる私に「骨は拾ってやるから思い切ってやってみろ」と励ましてくれたことがあります。いま思えば、あの時のひと言が私のあり方を大きく変えてくれたように思います。

なんとなく仕事に対して意欲がなくなっていた私は、まわりに対しても不平不満を口にして、愚痴ばかりこぼしていましたから、人間関係や家庭までうまくいかない状態でした。まさかこんなことで悩んだり苦しんだりするとは思っていませんでしたから、その時は八方ふさがりでどうしてよいのか分かりませんでした。

そんなある日のこと、突然、上司が私を呼びだし、私の眼をじっと見てこう言ったのです。「どんなときでも、おまえのことを信じているぞ！　だから心配するな！　たとえうまくいかなくてもそれでもいい。骨は拾ってやるから思い切ってやってみろ」と。ただそれだけです。心のなかを見透かしたかのようなひと言でした。

私はその日から生まれ変わりました。言葉で表現するのは難しいですが、不思議な安心感と自信が、そしてやる気がわき起こってきたのです。日々のあらゆる場面に充実感を感じるようになりました。ついこの間まで、仕事や人間関係に対して自信を失っていた私が、いまは不思議な安心感と自信に支えられ、自分のことを素直に反省できるような、こころのゆとりができてきたのです。嫌で仕方のなかった仕事も、やりがいを感じるようになり、悩んでいた人間関係も少しずつうまくいくようになり、家庭のなかも明るくなってきたのです。ほんとうにありがたい経験です。

すべてを受け入れてくれた上司のたった一言が、私の心に届き、私のあり方を少しずつ変化させたのです。まことの自信とは、自分が積み上げた経験によってではなく、他者からの温かい心によってこそ、恵まれるものであると気づかされたことです。

〈例話②〉とみ教えの関連

例話では、仕事がうまくいかず悩んでいた私の体験談を述べています。職場の上司の一言に込められた無条件の信頼に気づかされ、認められていたという安心感のなかで反省し精一杯努力することができたということです。私たちは自己中心的に生きておりますから、ともすれば周りの人々のおかげを忘れ、自分一人が努力しているのにうまくいかないと悩むことが日常茶飯事です。このような私たち凡夫を救いの目当てとされているのが阿弥陀如来という仏さまです。

阿弥陀如来の救いとは、いわゆる金魚すくいのような救いではありません。金魚すくいでは、水のなかを泳いでいる金魚とすくいあげられた金魚とでは、その本質になにも違いはありません。池であろうが、金魚鉢であろうが、水の中にいれば何の違いも認識していないでしょう。しかし浄土真宗の救いは、阿弥陀如来の智慧と慈悲が、迷いのなかで苦悩する私を内側から導いてくださる救いですから、救われる前と救われた後とでは当然、私の思考構造には違いが生じるのです。『御消息』第二条には、

薬あり毒を好めと候ふらんことは、あるべくも候はずとぞおぼえ候ふ。仏の御名をもき き念仏を申して、ひさしくなりておはしまさんひとびとは、後世のあしきことをいとふしるし、この身のあしきことをばいとひすてんとおぼしめすしるしも候ふべしとこそおぼえ候へ。

（『註釈版聖典』七三九頁）

とありますように、阿弥陀如来の智慧と慈悲こそが真実であると知らされた念仏者は、愛欲と憎悪を超えた涅槃の浄土こそ私たちが目指さなければならない真実の領域であると知らされます。そして当然、わが身の煩悩を厭い、それにふさわしい「しるし」をその生活のなかで示していこうと努力する身に育てられるのです。

例話 3

薬の効能

ポイント

万徳の所帰

病気になると、病院に行って医師の診断を受け、薬を処方されます。感染症の場合は、ペニ

シリンのような抗生物質が特効薬として処方され、さらに胃の負担をやわらげるために胃薬ももらい、痛みがある時にはということで痛み止めの頓服も処方されます。それぞれ必要なのはよくわかりますが、あまりにたくさんだと、少し辟易します。

「風邪をひいた」と言いますが、「風邪」という一つの病気があるのではありません。正式には、「風邪症候群」と言い、原因も症状もさまざまです。熱がでる。頭が痛い。咳がでる。のどが腫れる。痰がからむ。こういった、さまざまな症状が出ます。薬は、症状を抑えるものが処方され、熱には解熱剤、頭痛には鎮痛剤、咳には鎮咳剤、のどの炎症には消炎剤、痰には去痰剤、といった風に、症状に対した薬剤が処方されることになります。インフルエンザなどには即効性のある抗生物質が処方されますが、普通の風邪に頻繁に抗生物質を出していたら耐性菌を産みますから、対症療法で症状を抑え、体力の回復を待つことになります。そうすると、何種類もの薬を、同時に服用することになり、けっこう大変です。そこで開発されたのが、「総合感冒剤」です。これ一つで、さまざまな症状に対応した効能が含まれているのです。

阿弥陀さまが、私たち凡夫の迷っている症状に、あらゆる功徳をこめた「名号」を完成され、そのはたらきには、「十二光」として、多くの徳が届けられています（註釈版二九頁）。

法然聖人は、それまでの日本仏教で常識とされていた「八宗兼学」から、「念仏一行」を明らかにしてくださいました。通常の集合論※では、一行より諸行の方が功徳が高いと考えられて来ました。それを、法然聖人は、どんな諸行よりも、念仏一行の方が功徳が高いとされたのです。それは、諸行は、おのおの個別の功徳しか持たないのに対し、念仏は「万徳の所帰」として、あらゆる功徳が込められているからです（『選択集』『註釈版聖典七祖篇』一二〇二頁）。

※Gカントルが確立した理論

〈例話③〉とみ教えとの関連

例話③で見た、法然聖人の見方は、当時の日本では、天地がひっくり返るほどの衝撃でした。念仏が「易行」であることは、それまでも理解されていましたが、それが、「勝行」であることが理解されなかったのです。そこには、「やすかろう、悪かろう」という人間の常識がありました。確かに、人間の世界では当たっている場合も多いでしょう。「バーゲンで買った靴下は、すぐに穴があく」のは、日常的経験からすると、けっこう当たっています。しかし、これは、所詮、人間の論理に過ぎません。仏の世界のことを、人間の論理で推し測っても、まったく意味をなしません。「仏の世界のことは、仏の論理で」とするのが、善導大師の「順彼仏願」の論理です。法然聖人は、この善導大師の論理によって、念仏の法義に眼が開かれたのでした。

一心にもつぱら弥陀の名号を念じて、行住座臥に時節の久近を問はず念々に捨てざるは、これを正定の業と名づく、かの仏の願に順ずるがゆゑなり。

（『註釈版聖典七祖篇』四六三頁）

「かの仏の願に順ずるがゆゑなり（順彼仏願故）」。漢文にして、このたった五文字こそが、仏の論理で読み解く方法論だったのです。「なぜ、念仏一つでさとりをひらくことができるのか」。この疑問に対しては、人間の論理をいくら積み上げても、永久に答えを見出すことはできません。「それは、ご本願に誓ってあるから」。これ以上、明快な答えはありません。

さらには、おそらく法然聖人にとっては、「八宗兼学では、大乗仏教の精神とは、かけ離れている」と考えられたのではないでしょうか。大乗仏教は、「すべての人が等しく救われていく教え」のはずです。それが、「八宗兼学」では、ごく一部の、能力の勝れた人しか、ついていけません。それが大乗仏教のはずはないのです。

本願を基準にする論理。これこそが、善導大師から法然聖人へ、そして親鸞聖人へと受け継がれた「仏の論理」であり、「上行の極致」と言われる、大乗仏教の到達点だったのです。

例話をうけて

今のこの世は、「五濁悪世」と言われています。「五濁」の中の「見濁」とは、正しいものの見方ができず、思想や価値観が濁って、何が真実であるかが、見失われてしまっています。テレビでも新聞でも雑誌でもインターネットでも、さまざまな情報が飛び交っていますが、時代や社会の如何を問わない、普遍的視座こそが、「本願の論理」であることは、いくら強調しても、強調しすぎることはないでしょう。

『大経』の流通分に、「経道滅尽」の時にあっても、すなわち、法滅の時代にあってさえ、「特留此経、止住百歳」と、この『大経』によって説かれた念仏の法義は、永遠にとどめておこうとの釈尊の尊いお言葉があります。「像末法滅同悲引」。像法も末法も、法滅の時代にあっても、念仏の法義は、ますます輝きを増すのです。

教学的背景の解説

いつの時代も、「悪人正機」の誤解は絶えません。「出典解説」でも触れたように、親鸞聖人の時代もそうでしたし、法然聖人の時代も同様だったようです。それは、『和語灯録』の次の文によって知られます。

悪人までをもすて給はぬ本願としらんにつけても、いよいよほとけの知見をば、はづべし、かなしむべし。父母の慈悲あればとて、父母のまへにて悪を行ぜんに、その父母よろこぶべしや。なげきながらすてず、あはれみながらにくむ也。ほとけも又もてかくのごとし。

（『浄土真宗聖典全書　六』五七五頁）

と示されています。

現代もまた、「悪人正機」は誤解され、そのため、「悪人正機は、凶悪犯罪を助長する」とさえ考える人も少なくありません。

そもそも、なぜ「悪人正機」は、誤解されるのでしょう。

仏典や聖教に書かれている事柄は、主に、仏と衆生の関係についてです。その仏典を読む時には、そこに書かれている言葉が、仏の側での言葉なのか、衆生の側での言葉なのかを、明確にしておかないと、混乱を来すことが、しばしばあります。そのため宗学では、「約仏（仏の側での言葉）」・「約生（衆生の側での言葉）」という区別をしています。

いま、「悪人正機」として表されている仏の慈悲は、十方衆生を等しく救うことに違いはなく、全ての者を重病人として、限りない大悲を届けてくださる仏の側のお言葉なのです。この約仏の言葉を、衆生の側に勝手に持ち替えて、優先度のように受け取り、そのために、「『悪人正機』なら、どんな悪いことをしても救われるのだから、悪いことをした方が得だ」という誤解になるのでしょう。

そんな誤解を解きほぐすため、親鸞聖人は、「阿弥陀仏の薬」に出遇った、生き方の転換をご教示くださったのでしょう。

法律や道徳は、「～してはいけない」と、外から縛るものですが、念仏者は、「阿弥陀仏の光」に出遇…………

った者が、「もう、これ以上、阿弥陀さまを泣かせるようなことはすまい」と、内側から変わっていくのです。それこそが、念仏者の強みであり、「悪人正機」は、凶悪犯罪を助長するものでもないのです。

報恩の念仏

報恩《ほうおん》の念仏《ねんぶつ》

阿弥陀如来《あみだにょらい》は、迷《まよ》いのなかにある私《わたくし》たちを哀《あわ》れみ悲《かな》しまれ、そのままに救《すく》いとるとはたらかれている。浄土真宗《じょうどしんしゅう》の救《すく》いは、この如来《にょらい》のはたらきを信《しん》じる心《こころ》一《ひと》つで定《さだ》まり、念《ねん》仏《ぶつ》は救《すく》われたよろこびが声《こえ》となってあらわれ出《で》たものである。

親鸞聖人《しんらんしょうにん》は仰《おお》せになる。

ただよくつねに如来《にょらい》の号《みな》を称《しょう》して

大悲弘誓《だいひぐぜい》の恩《おん》を報《ほう》ずべしといへ（え）り

如来《にょらい》は私《わたくし》たちを救《すく》いとって見返《みかえ》りを求《もと》めることがない。はかりしれない如来《にょらい》のご恩《おん》は、決《けっ》して返《かえ》すことのできない大《おお》いなる恵《めぐ》みである。私《わたくし》たちは、ただそのご恩《おん》をよろこび、感謝《かんしゃ》の思《おも》いを念仏《ねんぶつ》の声《こえ》にあらわすばかりである。これを報《ほう》恩《おん》の念仏《ねんぶつ》という。

救《すく》いのよろこびを恵《めぐ》まれた者《もの》は、報恩《ほうおん》の思《おも》いから、つねに南無阿弥陀仏《なもあみだぶつ》と念仏申《ねんぶつもう》すべきである。

〈聖典のことば〉

ただよくつねに如来《にょらい》の号《みな》を称《しょう》して、大悲弘誓《だいひぐぜい》の恩《おん》を報《ほう》ずべしといへり

「正信念仏偈」（『註釈版聖典』二〇五頁）

▼出典　解説

このご文は「正信偈」龍樹章の「唯能常称如来号　応報大悲弘誓恩」です。龍樹菩薩の『十住毘婆沙論』「易行品」には、難行道と易行道が示されます。その易行道とは、雄々しく堅固な志をもてず、根機の劣った弱々しい人のために示された仏道です。そして、信心にもとづいて称名をする人は、すみやかに阿惟越致《あゆいおっち》（不退転）に至ることができると説かれます。この称名は、阿弥陀如来の大悲に対する報恩となるのです。

▼現代語

ただ常に阿弥陀仏の名号を称え、本願の大いなる慈悲の恩に報いるがよい

（『顕浄土真実教行証文類（現代語版）』一四七頁）

〝報恩の念仏〟を味わう

難行道とは、自力修行でさとりを開く道です。たとえるならば、みずからの足で、山や坂を越えていくような厳しい道です。それに対して易行道は、阿弥陀如来の本願力によって、不退転・正定聚の位につく道です。たとえていうと、水路を船に乗って目的地にたどりつくような行程です。念仏者は阿弥陀如来の願船に乗せられて、生死の大海を渡っていくことができるのです。ですから、本願に出あった人は、その恩に報いるために、つねに阿弥陀如来の名号を称えるのです。念仏とは、本願の法に出あえたよろこびが、声となってあらわれたものです。

例話 *1*

病室でのお念仏

ポイント

報恩の念仏

いつも念仏の声が絶えないおばあちゃんが入院することになりました。おばあちゃんは病室でも、いつものようにお念仏を称えています。特に起床後と就寝前は、西に向かって正座をしてお念仏をしています。そんなおばあちゃんが入院して一カ月ほど経ったある日、お念仏を称えるおばあちゃんを不思議に思った若い看護師さんが、こう尋ねました。

「おばあちゃん、なんでいつも夜寝る前にお念仏を称えてるの？　何か不安があるの？」

その問いに対して、おばあちゃんはこう答えます。

「なんでって言われてもわからん。出るんやから。ただ、不安があるのとは違う。今日も一日、阿弥陀さまがそばにいてくださったんやなぁ、一人じゃないんやなぁと思ったら、思わず出てしまうんや。ご恩をもらいっぱなしやからな。お念仏を称えるしかないんや」

看護師さんはそれまで、お念仏は死者に向かって称える言葉、死者を救ってくださいとお願いする言葉だと思っていました。あるいは、この私を救ってくださいとお願いする言葉だと思っていました。その素直な気持ちが、こんな言葉になりました。

「へぇ、そういう気持ちでお念仏が出るの？　お念仏って、お葬式の時ぐらいしか称えないものだと思っていたわ。誰かが亡くなった時に称えるものではないのかなぁ？」

次は、おばあちゃんの味わいが出た言葉です。

「確かに誰かが亡くなった時にも、お念仏が出るやろうなぁ。阿弥陀さまへの感謝の気持ちからね。亡くなった人も私も阿弥陀さまに導かれてお浄土へ参らせていただくんやと思ってね。そして阿弥陀さまが、この別れの悲しみにも寄り添ってくれると思えば、お念仏が出るやろうなぁ」

お念仏は、いまここで救われたよろこびが声となってあらわれたものだったのです。よろこびの時も、悲しみの時もお念仏。ごく当たり前だと思われる日々の中に、お念仏が出ることが尊いのですね。

〈例話①〉とみ教えの関連……

浄土真宗の救いは、命終の後に浄土へ往生することだけでなく、いまここで阿弥陀如来に出あって救われることが中心となります。

親鸞聖人は、如来に救われたよろこびをあらわす言葉について、「慶喜」と「歓喜」で意味を使い分けておられます。すなわち、「慶喜」は「正定聚をすでに得たこと」、そして「歓喜」は「往生成仏が必ず実現すること」という意味を見いだされ、その二つの観点から味わっておられます。親鸞聖人のお示しをうかがうと、まず「慶喜」「慶楽」の「慶」については、「慶《きょう》はうべきことをえてのちによろこぶこころなり」（『註釈版聖典』六八五頁）、「慶《きょう》はよろこぶといふ、信心《しんじん》をえてのちによろこぶなり」（『同』七一二頁）と示されています。つまり、「慶」という文字に、信心をいただいて、すでにわが身が正定聚の位にあることをよろこぶ意味をみています。正定聚にある人は、摂取不捨のよろこびの真っ直中です。そして「歓喜」について、それは心身ともによろこぶことであるとされ、特に「喜」については、「うべきことをえてんずとかねてさきよりよろこぶこころなり」（『同』六七八頁）と示されています。これはきっと得るであろう往生について、先立ってよろこぶことだとおっしゃっています。

『仏説無量寿経』「流通分」に「歓喜踊躍《かんぎゆやく》して乃至一念《ないしいちねん》せんことあらん。まさに知《し》るべし、この人《ひと》は大利《だいり》を得《う》とす」（『同』八一頁）とあるように、身心ともによろこんで、念仏を称える人は、間違いなく大利（正定聚の位を得て、必ず仏になる利益）を得るのです。こうしたよろこびが、報恩の念仏となって出てくるのです。

例話 2

思わず名をよぶ

ポイント

仏徳讃嘆

以前、娘がアイドルグループのコンサートに行ったことを楽しそうに話してくれました。団扇に好きな歌手の名前を書いて、いろんな飾りを付けています。その団扇を曲に合わせて振りながら、その歌手の名前を叫ぶそうです。

ふっと、その情景が目に浮かびます。娘があまりにも楽しそうに話すものですから、少しその気持ちを想像してみました。その叫び声は声援でもありますが、その歌手のかっこよさやすばらしさをほめたたえる声なのでしょう。あるいは、「ここに来てコンサートをしてくれてありがとう」という感謝の気持ちもあるのかもしれません。実際に目の前に好きな歌手がいたら、思わずその名前を叫ばずにはおれないのかもしれません。

それからしばらくして、家族でテレビを見ていると、音楽番組にそのアイドルグループが出てきました。すると母親も一緒になって、楽しんでいるようでした。いつの間にか、妻もファンになったようです。私は、楽しそうなふたりを内心では、うらやましく思いましたが、そこは平静を装っていました。

阿弥陀さまの教えも、それをよろこび、ほめたたえる人がいることで、多くの人に伝わっていくのでしょう。念仏が報恩になるという理由のひとつは、そこにあります。

〈例話②〉とみ教えの関連

お経は、広くいえば阿弥陀如来の徳が説かれています。読経は阿弥陀如来の徳を讃嘆することになります。仏の徳を讃嘆することは、たんに仏のすばらしさを感嘆してたたえることもありますが、仏の徳をいただいて感謝の思いからたたえることもあります。念仏についても同様です。

親鸞聖人は、『尊号真像銘文』に智栄《ちょう》禅師が善導大師を阿弥陀如来の化身であるとほめたたえる銘文を釈する中で、「称仏六字即嘆仏」の銘文を釈して、

南無阿弥陀仏《なもあみだぶつ》をとなふるは、仏《ぶつ》をほめたてまつるになるとなり。

（『註釈版聖典』六五五頁）

と示されています。なお、智栄禅師については、『尊号真像銘文』には「震旦《しんたん》（中国）の聖人なり」とありますが、生没年など詳細は未詳です。法然聖人の「無量寿経釈」（『漢語灯録』巻一所収）に善導大師の義を補助する方として七人を挙げられる中の一人です。

また、「即発願回向」を釈して、

南無阿弥陀仏《なもあみだぶつ》をとなふるは、すなはち安楽浄土《あんらくじょうど》に往生《おうじょう》せんとおもふになるなり、また一切衆生《いっさいしゅじょう》にこの功徳《くどく》をあたふるになるとなり。

（『同』）

ともお示しです。本願を信じて念仏を称えれば、おのずと仏を讃嘆することになり、一切衆生に念仏の功徳を与えることになるのです。その念仏の徳をいただいている私にとっては、阿弥陀如来に対する感謝の思い、報恩の思いから称える念仏でもあります。

例話 3

親の願いに生きること

ポイント

報恩の念仏

報恩とは「恩にむくいること」であり、一般には「恩返し」といった意味で用いられます。ならば、阿弥陀さまは「恩を返せよ」と恩着せがましく言っておられるのでしょうか。そうではありません。念仏を称えることが、報恩となるのです。

さて、「恩返し」と聞くと、どういうイメージでしょうか。たとえば、親孝行をしようと思って、両親に海外旅行をプレゼントしたとします。それをよろこんでくれたならば、恩返しになるかもしれません。ところが、両親が飛行機に乗ることが苦手だったとしたら、あまりうれしく思わないかもしれません。そう考えたとき、何がいちばんの恩返しとなるでしょうか。それはやはり、親の願うような生き方をすることでしょう。

では、阿弥陀さまの願いとは、何でしょうか。それは本願に誓われているとおりです。罪業を重ね、生死に迷い、自分ではこの生死の迷いを超えていくことができない凡夫に対して、

「そのままのあなたを必ず救う、この私をたよりにしておくれ」「どうか念仏を称える身となって、浄土往生の道を歩んでおくれ」と願っておられるのです。その願いの意味を知り、それに応えて念仏の人生を歩むことが、報恩となるのです。

〈例話③〉とみ教えの関連……………………………………

『正像末和讃』の「正像末法和讃（三時讃）」五八首の最後にある恩徳讃は、

如来大悲《にょらいだいひ》の恩徳《おんどく》は
身《み》を粉《こ》にしても報《ほう》ずべし
師主知識《ししゅちしき》の恩徳《おんどく》も
ほねをくだきても謝《しゃ》すべし

（『註釈版聖典』六一〇頁）

と阿弥陀如来のご恩をこれ以上にないほどの表現で讃えておられます。この世に生まれた本当のよろこびを知ったことは、「身を粉にしても」「ほねをくだきても」と、私が返すことのできないぐらいのご恩をいただいたということです。この恩を知れば、私たちは、できる範囲で報恩の生活を送らせていただく思いが生まれてくることでしょう。ただもらいっぱなしで、何もできないこの身であっても、如来さまの願いに生きて、ただ念仏を申すばかりです。

例話をうけて

阿弥陀さまは、ご本願で十方の衆生に向かって「至心信楽欲生」と「乃至十念」と誓われています。「われにまかせよ、必ず救う」、だからこのよびかけをそのまま受けとって、「たとえ十回でもいいから念仏を称えてくれよ」とよびかけておられます。ここに「乃至」とあることは、念仏の回数に決まりはないということです。念仏の回数によって、救われるかどうかが決まるわけではありません。称名念仏とは、阿弥陀さまのご恩をよろこぶ心があふれ出たものです。

それは、そのままで、仏徳讃嘆となり、仏化助成となります。つまり、称名念仏は、阿弥陀さまを讃えることであり、そのように念仏を称えることで、他の人に念仏のよろこびが伝わっていきます。このようにして、念仏の教えがひろまることが、阿弥陀さまへの報恩になるのです。

教学的背景の解説

阿弥陀如来は、この私を救うために五劫もの長いあいだ思惟され、本願を建てられました。この私のために、ご修行を重ね、名号による救いをこの私に届けてくださいました。なぜ、法蔵菩薩はこの私たちに救いを届けようとされたのかというと、私たちは無始よりこのかた現在に至るまで、穢《え》悪《あく》汚《わ》染《ぜん》にして清浄の心などなく、虚仮諂偽《こけてんぎ》にして真実の心がまったくなかったからです。

だからこそ法蔵菩薩は、兆載永劫の修行のあいだ、三業のはたらきが一念一刹那として清浄・真実でなかったことはありませんでした。そしてその仏果の徳を名号にすべてこめられて、私たちに回向してくださっています。したがって浄土真宗の念仏は、私たちが回向する必要はありません。大悲回向の念仏なので、不回向なのです。

この如来の大悲のご恩がわかれば、報恩感謝せずにはおれません。その報恩の思いが念仏となってあらわれます。だから、念仏を称えたら救われるのではありません。浄土真宗は、信心正因・称名報恩の教えです。

浄土への人生

浄土《じょうど》への人生《じんせい》

阿弥陀如来《あみだにょらい》は、煩悩《ぼんのう》によってさとりに至《いた》ることのできない凡夫《ぼんぶ》を哀《あわ》れみ、あらゆる功徳《くどく》を南無阿弥陀仏《なもあみだぶつ》に込《こ》めて私《わたくし》たちにふり向《む》けておられる。
親鸞聖人《しんらんしょうにん》は仰《おお》せになる。

臨終一念《りんじゅういちねん》の夕《ゆうべ》　大般涅槃《だいはつねはん》を超証《ちょうしょう》す

いのち終《お》えるとき、すみやかに浄土《じょうど》に生《う》まれ、この上《うえ》ないさとりを開《ひら》かせていただく。南無阿弥陀仏《なもあみだぶつ》のはたらきに出《で》あうものは、むなしい迷《まよ》いの生《せい》を二度《にど》とくり返《かえ》すことはない。

如来《にょらい》のはたらきに出《で》あう人生《じんせい》は、無常《むじょう》のいのちを生《い》きながら、かならずさとりの浄土《じょうど》に生《う》まれゆく、むなしく終《お》わらぬ人生《じんせい》である。

〈聖典のことば〉

念仏《ねんぶつ》の衆生《しゅじょう》は横超《おうちょう》の金剛心《こんごうしん》を窮《きわ》むるがゆゑに、**臨終一念《りんじゅういちねん》の夕《ゆうべ》、大般涅槃《だいはつねはん》を超証《ちょうしょう》す。**

『顕浄土真実教行証文類』「信文類」（『註釈版聖典』二六四頁）

▼出典解説

このご文は、『顕浄土真実教行証文類』「信文類」の「真仏弟子釈」にあるものです。偽の仏弟子でもなく、仮の仏弟子でもない、真の仏弟子は、広大な利益にあずかっています。

▼現代語

念仏の衆生は他力の金剛心を得ているから、この世の命を終えて浄土に生れ、たちまちに完全なさとりを開く。

（『顕浄土真実教行証文類（現代語版）』二五七頁）

〝往生即成仏〟を味わう

釈尊の後継者ともいえる弥勒菩薩は、現在、兜率天におられ、多くの天人を教化しておられます。その弥勒菩薩は、そこでの一生が終われば、この世に下生され、龍華樹《りゅうげじゅ》の下で正覚を完成され、弥勒仏となられます。そして三度の大法会を開いて、多くの衆生を救っていくとされています。それは釈尊滅後、五十六億七千万年の後であるといわれています。ところが念仏の衆生は、臨終一念のゆうべに大般涅槃を超証するというのです。それは、決して壊れることのない、他力回向の金剛心に仏となるための因が円満しているからです。真実信心の念仏者は、横超とあるように、弥勒菩薩とくらべて、とてつもなく速く成仏することができるのです。このことを親鸞聖人は『正像末和讃』に、

五十六億七千万《ごじゅうろくおくしちせんまん》
弥勒《みろく》菩薩《ぼさつ》はとしをへん
まことの信心《しんじん》うるひとは
このたびさとりをひらくべし
（『註釈版聖典』六〇四頁）

と讃嘆されています。

さとりの華を咲かすいのち

ポイント

正覚の化生

百歳を超えた女性が「もう枯れてしおれていくばっかりや」と実感込めて吐露されました。長い人生を生きてきたその額には深いしわが刻まれています。髪の毛は全て白髪になって、もう髪を結うこともできなくなってしまっています。手にはシミが、肌には張りがなくなってしまっています。自らの姿を目の当たりにした実感から吐露された言葉でした。

生まれてきた以上は必ず死んでいかねばならない私たちです。これまでの長い人生で、多くのことを経験し、知恵を蓄えてきても、さとりを開く身であると思えなければ、ただ「枯れてしおれる」と思う以外にはありません。

多くの偶然が重なって生まれてきたこの命ですが、死は必然です。人は誰もが死んでいかねばなりません。しかし、いざ自分のこととなった時は、死は未経験で、何もわからないので、怖しさを感じ、不安に襲われます。

けれども、阿弥陀さまは、私たちに対して、亡くなっていく命としか思えないかもしれないが、さとりの世界へと生まれていく命なのだと教えてくださいます。命終に浄土に往生し、さとりを開いて仏になることを「正覚のはなより化生して」と和讃にあります。往生即成仏の救いに遇ったうえには、いまから華を咲かすいのちであったと味わうことができるのです。

〈例話①〉とみ教えの関連

「讃仏偈」に「一切恐懼　為作大安（一切《いっさい》の恐懼《くく》（の衆生《しゅじょう》）に、ために大安《だいあん》をなさん）」（『浄土真宗聖典全書（一）』一二頁、『註釈版聖典』一二頁）とあります。これは法蔵菩薩が、恐れ悩む一切の衆生に、大いなる安らぎを与えたいと願われた言葉です。そして、浄土については「已到我国快楽安穏（すでにわが国《くに》に到《いた》らば、快楽安穏《けらくあんのん》ならん）」（『同』一二頁、『同』一三頁）とあるように、そこに生まれたならば、快い楽を受けることができ、心が安らかで穏やかな境地にいたることができるのです。

阿弥陀如来は、死に懼《おそ》れおののくほかはない私に、「あなたは死ぬと思っているだろうが、死んですべてが終わりとなってしまうなどと懼れることはない。あなたは生まれて往くのだ、この阿弥陀如来の浄土に」と告げてくださっています。本願に出あった私は死ぬのではなく、浄土に生まれていくのです。そこで清らかな仏となるのです。

例話2

近道すれば南無のひと声

ポイント

念仏ひとつの救い

宗旨と年代を超えて親交の深かった蓮如上人と一休禅師には、次のような歌をお互いに送りあったという説話があります。

極楽は十万億土と説くならば　足腰立たぬ婆は行けまじ

一休禅師のこの歌は、阿弥陀さまの極楽浄土が十万億仏土を超えた世界であるのならば、足腰の弱い老人ではたどりつくことができないではないか、という皮肉がこめられています。しかし、この歌は、一面では的を射ています。なぜなら、阿弥陀さまのお浄土は、私たちの自力では、行くことができない世界だからです。

これを受けた蓮如上人の返歌は浄土真宗の核心を突いています。

極楽は十万億土と説くなれど　近道すれば南無のひと声

凡夫の力では絶対に往くことのできない遠い世界だからこそ、阿弥陀さまの方から「我にまかせよ」と南無阿弥陀仏のお念仏となって私のところに至り届いてくださるのだ、というのです。ひと声お念仏を申せば、阿弥陀さまが私と共に居てくださることを改めて知らされます。浄土真宗は、いまここで阿弥陀さまのお慈悲を感じつつ歩ませていただく仏道です。そして、浄土に往生してただちに成仏の果をいただくのです。

〈例話②〉とみ教えの関連

『仏説阿弥陀経』には、「これより西方《さいほう》に、十万億《じゅうまんおく》の仏土《ぶつど》を過《す》ぎて世界《せかい》あり、名《な》づけて極楽《ごくらく》といふ。その土《ど》に仏《ぶつ》まします、阿弥陀《あみだ》と号《ごう》す。いま現《げん》にましまして法《ほう》を説《と》きたまふ」（『註釈版聖典』一二一頁）と説かれます。すなわち、西方浄土は、十万億の仏土を過ぎたところにあるが、阿弥陀如来は、いま現にましまして、いつでも法を説いているということです。この浄土は自力では行くことができない世界です。しかし『仏説観無量寿経』には、「阿弥陀《あみだ》仏《ぶつ》、此《ここ》を去《さ》ること遠《とお》からず」（『同』九一頁）とあるように、自力ではとらえることはできませんが、阿弥陀如来のほうから来てくださっているのです。念仏ひとつで往生することができ、いまそれをよろこべるのです。

例話 3

楽を願う？

ポイント

極楽はさとりの世界

ある方からお寺に電話があり、近いうちにお寺にお参りしたいとのことでした。理由や目的を尋ねると、どうやら、商売繁盛と健康長寿を祈願したいとのことでした。「浄土真宗ではそういうことはいたしません」と断ってもよかったのですが、せっかくのご縁をこちらから切ってしまうのも、もったいないことだと思ったので、とりあえず来ていただくことにしました。

そこで、一緒にお勤めした後、こういう会話になりました。その方が、まずこうおっしゃいます。

「これで安心しました。商売もうまくいき、健康になれたらいいですね」

この言葉を聞き、正直に感じたことは、「この方は、これで商売繁盛や健康長寿が間違いなく実現すると思っておられるわけではなく、〈なれたらいい〉という願望のままなのだな」ということです。その気持ちには私も共感できました。そこで「もちろん、そうなったらいいですね」と返した後に、次のような趣旨で、浄土真宗の考え方を伝えさせていただきました。

「浄土真宗は、私たちの願いをかなえてもらう宗教ではなく、阿弥陀さまの願いをたずねていくみ教えです。私たちの願いとは、いったいどんなものがあるでしょうか。『おいしいものを食べたい』『健康で長生きしたい』など、さまざまな望みがあるでしょうが、それらはみな、私の欲を満たそうとする煩悩から出てくる願い事です。浄土真宗は、こういう考えを抱いてはいけないと諭す教えでもありません。こうした煩悩の存在であることを自覚していく教えです。

そのように煩悩が滅せられないことで、うまく行かない時には苦しみを味わうことになります。生きる意味すら失うこともあります。こうした苦しみを抱える凡夫に救いを届けよう、苦しみとともに生きていかねばならないあなたを支えていこう、こんな願いを建てられたのが、阿弥陀さまです。この願いを聞いていき、阿弥陀さまに支えられた人生であることを実感して生きていくことが、浄土真宗の生き方です。阿弥陀さまに導かれて、浄土への人生を歩ませていただきましょう」

その方は、あまり納得のいかない表情を浮かべていましたが、その方はこうおっしゃいました。「そうか、何でもお金で買えるわけじゃないですからね」と。機縁が熟すれば、きっとわかっていただけると自分を勇気づけました。

〈例話③〉とみ教えの関連……………………………………………………

極楽の楽は絶対の楽です。それに対して、この世での楽は苦楽相対の楽です。この世での楽は、ほとんどが私の欲望を満たそうとする楽です。そのような楽しみは、いずれ消えていき、苦に転じてしまいます。あるいは、もっと上の楽しみをめざすうちに、以前は楽しみであると感じていたことに対して、楽を感じなくなってしまいます。お浄土は、真実の楽を与えてもらうところです。私たちの欲望をかなえてもらう場所ではありません。曇鸞大師が「もし人《ひと》、無上菩提心《むじょうぼだいしん》を発《おこ》さずして、ただかの国土《こくど》の楽《らく》を受《う》くること間《ひま》なきを聞《き》きて、楽《らく》のためのゆゑに生《しょう》ずることを願《がん》ずるは、またまさに往生《おうじょう》を得《え》ざるべし」（『註釈版聖典七祖篇』一四四頁）と教示されています。

さて、この世界は、苦しみの人生、無常の人生です。どんな人にも、遅かれ早かれ、いのち終える瞬間がおとずれます。独り寂しく去っていかねばなりませんが、その時も阿弥陀さまがご一緒してくださいます。このような阿弥陀さまの本願に出あった人は、決して虚しく過ぎていかない充実した生を送ることができます。

例話をうけて

死は、誰も逃れることのできない厳粛な事実です。いつ何時、おとずれるかもわかりません。もし、いま「死」という現実を目の前に突きつけられたら、後悔と恐怖が入り交じり、死ぬに死ねないという人も多いのではないでしょうか。人は、死に臨んで、すべてを置いていかねばなりません。ひとりで逝かねばなりません。しかしそんな時、たったひとりだけご一緒してくださる方がいます。それが阿弥陀さまです。そして阿弥陀さまは、私たちが死という寂寥感《せきりょうかん》しかおぼえない出来事を浄土へと生まれていくことなのだとお示しくださいます。死によって虚しく終わっていくと思っていた「生」が、あらたな「生」として捉えられてきます。それは、仏となるということだったのです。このことをいま知っておくか、知らずにすごすかでは、大きな違いがあります。「あなたを必ず救う」という本願力に出あえば、もう恐怖におののき、虚しい時間をすごすことはありません。生死の迷いを繰り返すこともありません。いまここで、本願力によって功徳の宝海が満ちみちて、臨終の時には、間違いなく浄土に往生し、そこですみやかに仏となるのが浄土真宗です。

教学的背景の解説

親鸞聖人より以前の浄土教では、浄土は修行の場所と考えられていました。つまり、この娑婆世界では仏道修行を完成させることが難しいので、修行に適した環境である浄土に生まれて、そこで修行をして、さとりを開くという考え方でした。

それを親鸞聖人は、阿弥陀如来の浄土に生まれたならば、ただちにさとりを開いて仏となることを明らかにしてくださいました。これを往生即成仏といいます。

それはいまここで、阿弥陀如来の慈悲に包まれた人生を歩んでいるからです。摂取して決して捨てないという大悲は、現生のこの私に届けられています。この本願の大悲に出あった人は、虚しい人生を過ごすことはありません。阿弥陀如来の大悲に包まれた人生を歩みます。天親菩薩の『浄土論』冒頭にある偈頌に、

　仏《ぶつ》の本願力《ほんがんりき》を観《かん》ずるに、遇《あ》ひて空《むな》しく過《す》ぐるものなし。
　よくすみやかに功徳《くどく》の大宝海《だいほうかい》を満足《まんぞく》せしむ。
（『註釈版聖典七祖篇』三一頁）

とあるとおりです。本願力とは、たんなる願いではなく、願が力となってはたらくことです。だから、十方の衆生を救うという願いが成就しているのであり、それゆえに、すみやかに大いなる如来の功徳がこの身に満ちみちるのです。このことを〈聖典のことば〉に、「横超の金剛心」によって、「臨終一

念の夕、大般涅槃を超証す」といわれています。この「横超」について、親鸞聖人は『一念多念文意』に、

横《おう》はよこさまにといふなり、超《ちょう》はこえてといふなり。これは、仏《ぶつ》の大願業力《だいがんごうりき》の船《ふね》に乗《じょう》じぬれば、生死《しょうじ》の大海《だいかい》をよこさまにこえて、真実報土《しんじつほうど》の岸《きし》につくなり。

（『註釈版聖典』六八〇頁）

と示されています。

そのようにして浄土に生まれた人は、阿弥陀如来の願力によって、ただちに大般涅槃のさとりを開くのです。念仏者は、こうした海のようにはてしなく大きな功徳の大宝に出あって、浄土への道を歩ませていただくのです。

自在の救い

自在《じざい》の救《すく》い

念仏申《ねんぶつもう》し浄土《じょうど》へと先《さき》だっていかれた方々《かたがた》は、この世界《せかい》に
かえり来《き》て、私《わたくし》たちを念仏《ねんぶつ》の教《おし》えに導《みちび》いてくださっている。
親鸞聖人《しんらんしょうにん》は仰《おお》せになる。

安楽浄土《あんらくじょうど》にいたるひと
五濁悪世《ごじょくあくせ》にかへ(え)りては
釈迦牟尼仏《しゃかむにぶつ》のごとくにて
利益衆生《りやくしゅじょう》はきは(わ)もなし

浄土《じょうど》で仏《ほとけ》となった方《かた》は、大《おお》いなる慈悲《じひ》の心《こころ》をおこして、迷《まよ》いのなかで苦《くる》しむすべてのものを救《すく》いたいとはたらき続《つづ》ける。さまざまな縁《えん》を通《とお》して私《わたくし》たちを仏前《ぶつぜん》に誘《いざな》い、仏法《ぶっぽう》聴聞《ちょうもん》を勧《すす》めてくださっている。そのはたらきは、釈尊《しゃくそん》が巧《たく》みに人々《ひとびと》を教化《きょうけ》されたように、自在《じざい》であり限《かぎ》りがない。

私《わたくし》たちは、多《おお》くの先人《せんじん》たちの導《みちび》きによって、同《おな》じように浄土《じょうど》への道《みち》を歩《あゆ》ませていただく。この道《みち》は、凡夫《ぼんぶ》が浄土《じょうど》で仏《ほとけ》となり、自在《じざい》の救《すく》いを行《おこな》うことができる尊《とうと》い道《みち》である。

〈聖典のことば〉

安楽浄土《あんらくじょうど》にいたるひと
五濁悪世《ごじょくあくせ》にかへりては
釈迦牟尼仏《しゃかむにぶつ》のごとくにて
利益衆生《りやくしゅじょう》はきはもなし

『浄土和讃』「讃阿弥陀仏偈讃」(『註釈版聖典』五六〇頁)

▼出典

解説

このご和讃は、『浄土和讃』の中にある「讃阿弥陀仏偈讃」の一首です。『浄土和讃』とは、親鸞聖人が、「浄土三部経」のみ教えの内容、すなわち、阿弥陀如来とその浄土について、和語で讃嘆された歌のことです。その中に「讃阿弥陀仏偈讃」があります。「讃阿弥陀仏偈讃」とは、阿弥陀仏のことを讃嘆されたご和讃のことですが、曇鸞大師が、『仏説無量寿経』の内容をもとにして、おつくりになられた「讃阿弥陀仏偈」を親鸞聖人が和語の讃歌として詠われたものです。曇鸞大師の「讃阿弥陀仏偈」は、『仏説無量寿経』によって、阿弥陀仏とその浄土の菩薩たち、および浄土のありさまを漢詩で讃嘆されたものです。それを親鸞聖人が、和語で讃嘆されたのが、「讃阿弥陀仏偈讃」です。

▼現代語

浄土往生して弥陀と同じさとりを開いた人は、還相の菩薩として、五濁悪世といわれるこの迷いの世界に帰って来て、釈尊が自由自在に衆生を教化されたように、衆生に利益を与えられること窮まりがない

（『聖典セミナー　浄土和讃』八二頁）

〝証果の悲用としての還相〟を味わう

浄土に往生した人は、たちまちにさとりを開き、この迷いの世界に還ってきて、衆生を巧みに教化していきます。浄土に往生した人は、ただ浄土にとどまっているわけではありません。阿弥陀如来の本願力によって、煩悩に迷い苦しむすべての人を救いたいとはたらき続けるのです。迷いの世界に還るといっても、幽霊や霊魂となってかえってくるわけではありません。浄土に往生した人は、さとりの領域から私たちに向かってはたらきかけ、さまざまなご縁をとおして、仏法をすすめてくださるのです。

例話 1

先だつわが子は善知識

ポイント　愛別離苦

平安時代の女流歌人・和泉式部は愛娘に先立たれてしまいます。彼女はその後、仏教に出あ

って、こんな歌を詠みました。

夢の世に　あだにはかなき身を知れと　教えて帰る子は知識なり

ここにいう「知識」とは、一般にいう「知識」とは違い、仏教用語の「善知識」と同じ意味の言葉です。「善知識」とは「巧みな教化者、教えを説いて仏道に向かわせる人、正しい道に導く人」といった意味です。つまり、先立ったわが子が、和泉式部をして仏道に向かわせたのです。彼女はいろんなことを感じ、学んだことでしょう。

どんな人であっても死を迎える。人の命というのは、いつ終わるかわからない。この世の生は夢やまぼろしのように、はかないものである。いのちの灯火の消えるのがいつであるかは、誰にもわからないのだ。

こうしたことに気づいたのではないでしょうか。これを仏さまの世界に往ったわが子が教えてくれたのです。

私たちも、こうしてお念仏を申すようになったのは、さまざまなご縁に導かれてのことであったのでしょう。

〈例話①〉とみ教えの関連

愛別離苦《あいべつりく》は、寂しく、つらく、悲しい出来事です。けれども、そんな私たちのことを慈しむ阿弥陀如来がいてくださいます。どんなにはかない人生であっても、あなたの人生をむなしく終わらせないとはたらいてくださっています。亡き人をご縁に仏法にあう時、また会える世界があることを気づかされます。私が仏さまに手を合わせる身になれたのは、わが子のおかげと気づいた時、その子が浄土からこの世界に還り来て、私を導いてくれたのだと味わえる世界があります。

だからこそ、浄土への道を歩む中に、いまここで、南無阿弥陀仏の念仏とともに、浄土におられる方がたがこの迷いの世界に還りきて、この私のそばにいるとよろこべるのです。

例話 2

アッ君、下向いたらあかんで！

ポイント　証果の悲用

数年前、日曜学校のまゆみちゃんのおばあちゃんが亡くなりました。その数日後、私は日曜学校で「当麻曼荼羅《たいままんだら》」の説明をしました。当麻曼荼羅とは、当麻寺の本堂に掛けられているもので、『仏説観無量寿経』にもとづいて、阿弥陀如来のお浄土のありさまが描かれています。ビデオやテレビのなかった時代、曼荼羅は、浄土を願う人にとって重要なもので、絵解きも盛んに行われていました。それに倣《なら》ってやってみたのです。

「真ん中におられるのが阿弥陀さまですよ。こちらが観音さまで、下のほうにはお浄土に生まれた人たちがたくさんいらっしゃいますね」という調子です。その時、小学校三年生のまゆみちゃんがこうつぶやきました。

「おばあちゃん、どこにいるのかなあ……」

私はその言葉を聞いて、震えるほど感動しました。お浄土の話をしながら、単なる説明に終わっていた私と違い、彼女は一生懸命おばあちゃんを探していたのでした。阿弥陀さまとは、この私と隔絶した存在ではなく、いまここにはたらいているのです。

それから二年後、まゆみちゃんのお父さんが亡くなってしまいます。弟のアッ君は、友達から「お前のお父さん、死んだんやなあ」と言われることが大変ショックでした。五年生になっていたまゆみちゃんは、アッ君にこう言いました。

「アッ君、今度そう言われたら下向いたらあかんで。上向いて『ぼくのお父さん、仏さまにならはったんや』って言うんやで」

そばで聞いていたお母さんは、はっとして「そうや、そうやったんや」と深く頷きました。

仏さまは、いまここではたらいているのです。

※この例話は、森田眞円著『埋み火』（本願寺出版社　九四―一〇〇頁）の内容を要約し、著者の承諾を得て、ここに転載させていただきました。

〈例話②〉とみ教えの関連

私たちは、この世のいのちが終わった後、阿弥陀如来の浄土に生まれ、仏のさとりを開きます。お浄土がなかったならば、人はいのちの終焉を死という一面でしか見ることができず、ただはかなく寂しいだけでしょう。しかし、その寂しさに寄り添う阿弥陀如来がおられます。そして、阿弥陀如来は、さとりの浄土を用意してくださいました。私たちは、この世の縁がつきた後、阿弥陀如来の浄土へと生まれていき、そこで涅槃のさとりを開くのです。阿弥陀如来は、私たちに対して、「浄土へ生まれて仏となるのだと受け止めてくれよ」とよびかけていらっしゃるのです。

この私が、大切な人と別れなければならないという愛別離苦の中にあったとしても、お仏壇の前で手を合わせて、お念仏を申すことによって、阿弥陀如来の浄土の世界を感じることができます。それは、阿弥陀如来やその浄土にいる方がたが、仏のはたらきとして、この迷いの世界に還ってきて、迷いに苦しむ私たちに寄り添い、導いてくださったからです。こうして私がお念仏を申す身となったことは、浄土で仏となられた方がたが、様々な縁で誘《いざな》い、仏法聴聞を勧めてくださったからでありましょう。

例話 3

親父のおかげで……

ポイント

還相摂化

私がまだ二十代のころ、あるご門徒のご自宅でのご法事です。当時五十代半ばの男性のお父さまの五十回忌です。その方は、よくお寺にお参りされるので、少しは知っていますが、さすがにお父さまのことはまったく知りません。五十年も前の人を私が知らないのは当然だなと思いながら、あまり深く考えずにご法事をお勤めさせていただきました。

法事のお勤めを終えて、お茶が出てきました。そこで、そのご門徒との会話が始まります。聞けば、お父さまは戦死されたそうで、お顔もほとんど覚えていないそうです。

「戦争なんてなかったらなぁ」

ぽつりともらされました。そして、その方は、こうも話してくださいました。

「子どもの時分は、父親がいなくて寂しかったよ。それを考えるとつらいから、うちには最初から父親はいないんだと言い聞かせたりもした。しかし、青年になったころに〈死んだらどうなるんだろう〉〈親父はどこへいったんだろう〉という思いがおそってきて、そんな時に、先々代の住職が法事の時に、〈あなたのお父さんの家族は、毎日欠かさず、正信偈をあげていた。そんなお父さんは、いまお浄土にいるんだよ〉と教えてくれてね。それからお寺にお参りするようになったんだ。聴聞するうちに、かえって別れをつらく思ったこともあったけど、だんだんと、さとりの世界へ生まれていったと思えるようになってきて、少しずつ落ち着いてきたんだよ。いろんなことがあったけど、親父のおかげで、生死の迷いに気づかされ、阿弥陀さまの教えに出あい、還相ということも聞かせてもらったんだなと思っているんだよ」

ご門徒からお育てをいただいたとてもありがたい法縁であったと味わっております。

〈例話③〉とみ教えの関連

亡き人の導きで、仏縁にあうことは多いのではないでしょうか。この導きを還相摂化《げんそうせっけ》と味わうことができます。還相摂化とは、浄土へ往生された方がたが、弥陀同体のさとりを開き、そこから還相の菩薩としてのすがたを示し、浄土にいながらにして、自在に教化することです。仏・菩薩は、私たちを仏道へ向かわせる大悲心を成就することが最大の関心事なのです。そして、仏法のないところで仏法を輝かせ、縁にとらわれず、あらゆる人びとを導いてくださいます。

いまこうして仏縁に出あうことができた私たちにとっても、多くの導きがあったに違いありません。親鸞聖人は、善導大師や法然聖人を浄土からこの迷いの世界に還ってこられたお方だと仰いでおられました。それだけでなく、阿闍世《あじゃせ》や提婆達多《だいばだった》なども大聖、すなわち還相の聖者と受け止めておられました。

例話をうけて

浄土に往生して、阿弥陀如来と同じさとりを開いた人は、還相の菩薩として、五濁悪世といわれるこの迷いの世界に還ってきて、あたかも釈尊が自在に衆生を教化されたように、衆生に利益を与えていきます。

浄土に往生するということは、仏さまに成るということであって、静かに眠りにはいることではありません。『拝読 浄土真宗のみ教え』の「自在の救い」の章にありますように、「浄土で仏になった方は、大いなる慈悲のこころをおこして、迷いのなかで苦しむすべてのものを救いたいとはたらき続ける」のです。真実とそうでないものを見分けることもできない無明のせいで、私たちは生死の迷いの中にいます。その迷いの存在を放っておけないというのが、仏さまなのです。

迷っているといわれても、ピンとこない方もおられるかもしれませんが、迷いに気づいていない人こそ、救いの目当てなのです。迷いに気づいた人は、その迷いから抜け出すことを求めるでしょう。迷いを超える道は、その道を知っている人にたずねなければなりません。迷っている人にたずねても、ますます迷いを深めるだけです。ですから、迷いを超える道を知っている人にたずねないといけません。

その迷いの道を超える方法を知っている人とは、お釈迦さまであり、親鸞聖人です。そこに示される道とは、阿弥陀さまの教えに生きること、阿弥陀さまのお慈悲に出あうこと、その慈悲に支えられていると気づかされること、つまりお念仏の教えに生きるということです。それが、生死の迷いを超えていく道なのです。

教学的背景の解説

念仏申す身となって、難思議往生（第十八願の他力念仏による真実の浄土への往生。難思議とは思いはかることができないという意味）を果たした人は、ただちに仏果を得させていただきます。その証果は、阿弥陀如来のさとりと本質的に同じもの（弥陀同体のさとり）であり、そのさとりによる必然のはたらきとして大悲心を起こし（証果の悲用）、衆生救済のために自在無礙にはたらくのです。これが還相摂化です。

親鸞聖人のいわれる還相は、ひとつには穢土《えど》に還って来て人びとを巧みにさとりに導く活動（人びとをさとりに導くことを「利他」といいます。利他とは「他の衆生に功徳利益を施すこと」）を行うことです。これを「還来《げんらい》穢国《えこく》の相状」といいます。例えば、親鸞聖人は、法然聖人を還相の菩薩と仰がれました。このことからも、私を念仏の道へと導いてくださった方がたは善知識であり、さらには還相の菩薩であるとも味わえます。ふたつには、仏果を極めたものが浄土において菩薩の相を現すことです。このように菩薩としてのすがたをあらわされた相を広門示現相といい、そのように還相摂化するすがたを「従果還因《じゅうかげんいん》の相状」といいます。こうして、浄土において自利利他の徳を示現することで、自在に教化活動をなすのです。すなわち、太陽がそこから動かずとも、その光をここに届けるように、浄土の菩薩は、そこにいながらにして、つねに私たちのそばにいて、私たちをして浄土への道を歩むよう、導いているのです。

なお、注意しなければならないことは、往相も本願力の回向によるものであって、この還相もまた阿弥陀如来の本願力の回向によることです。それは「正信偈」に「往還回向由他力」とあることからも明らかです。

光の浄土

光《ひかり》の浄土《じょうど》

浄土《じょうど》は、無量《むりょう》の光《ひかり》に満《み》ちあふれた世界《せかい》。如来《にょらい》の智慧《ちえ》が光《ひかり》となって輝《かがや》き、限《かぎ》りなくはたらき続《つづ》けるさとりの世界《せかい》である。

親鸞聖人《しんらんしょうにん》は、阿弥陀如来《あみだにょらい》の浄土《じょうど》をお示《しめ》しになり、

無量光明土《むりょうこうみょうど》なり

と仰《おお》せになる。

如来《にょらい》の浄土《じょうど》へ生《う》まれるならば、その光《ひかり》のはたらきにより、いかなる煩悩《ぼんのう》も、浄土《じょうど》と同《おな》じさとりの功徳《くどく》へと変《か》えられる。それはあたかも、海《うみ》へと流《なが》れ込《こ》む川《かわ》の水《みず》が、すべて一味《いちみ》の海潮《うしお》となるような、広大《こうだい》なるはたらきである。

念仏《ねんぶつ》の教《おし》えをいただく者《もの》は、限《かぎ》りない光《ひかり》の浄土《じょうど》へ生《う》まれ、この上《うえ》ないさとりの利益《りやく》を恵《めぐ》まれるのである。

〈聖典のことば〉

つつしんで真仏土《しんぶつど》を案《あん》ずれば、仏《ぶつ》はすなはちこれ不可思議光如来《ふかしぎこうにょらい》なり、土《ど》はまたこれ無量光明土《むりょうこうみょうど》なり。

『顕浄土真実教行証文類』「真仏土文類」（『註釈版聖典』三三七頁）

▼出典解説

このご文は、『顕浄土真実教行証文類』の「真仏土文類」にあります。『ご本典』は、浄土真宗の教義体系（教行信証の四法）が示される立教開宗の根本聖典です。この「真仏土文類」では、阿弥陀如来が無量寿・無量光の徳をもつ真仏であり、阿弥陀如来の本願によって荘厳された浄土が真土であることを詳しく明かされています。

▼現代語

つつしんで、真実の仏と浄土をうかがうと、仏は思いはかることのできない光明の如来であり、浄土はまた限りない光明の世界である。

（『顕浄土真実教行証文類（現代語版）』三八三頁）

〝無量光明土〟を味わう

阿弥陀如来の浄土の世界は、暗い迷いの世界ではなく、無量（はかりしれない）の光に満ちあふれた世界です。ご信心をいただいて、念仏の教えをよろこび、この世のいのちを終えた者は、本願の広大なはたらきによって、間違いなく光の浄土へ往き生まれ、この上ないさとりの仏と成らせていただくのです。成仏する、仏となるということは、迷いや苦しみの原因である煩悩の束縛を完全に離れ、安らかで穏やかな境地に到ることです。

例話 *1*

光に満ちた世界

ポイント　無量光明土

忘れられないご門徒のおばあさんがおられます。浄土真宗のみ教えをたいへんよろこばれたお方でした。

そんなおばあさんも年を重ねるにつれ、やがて身体は病に冒されていきました。お見舞いに行かせていただいても、こちらの顔はわからず、声も届いていないご様子でした。しかしそんな状態にあっても、両の掌は胸の前でしっかり合掌され、かすかに動いているそのお口からは、確かにお念仏の声が聞こえてまいりました。

数日後、おばあさんのご往生の一報を聞き、自坊にてお通夜とお葬儀を執り行わせていただきました。お葬儀がおわった後、おばあさんの一人娘さんからこんなお話を伺いました。

晩年、病が進行するにつれて、母の身体は動かなくなり、眼も見えなくなっていきました。私は母が真っ暗な世界で寂しく怖くないかと心配になり、「お母さん、暗くて怖くない？」って聞いたら、母は、「大丈夫、何にも怖くはないよ。だって母さんは光のお浄土の世界に生まれさせていただくのだから。安心していいんだよ」って言ってくれたのです。私はこの母の言葉を聞いて安心するとともに、母がこれまで浄土への人生を送らせていただいていたことに、本当に心から嬉しく思いました。

おばあさんは、無量光明土に出あっていたのでしょう。この光は、いまこの私にも届いています。私たちの人生は一体どこへ向かっているのでしょうか。阿弥陀如来は、今まで迷いのいのちを繰り返していた私のために、光の浄土を建立し、いのちの往く先をすでに教えてくださっているのです。

私たちの人生は浄土からの光に照らされた人生です。浄土からの光に照らされ導かれていく人生だからこそ、私のこの「今」が支えられていくのでしょう。阿弥陀如来は光の浄土を建立し、いのちの往く末をすでに教えてくださっているのです。

〈例話①〉とみ教えの関連

親鸞聖人は阿弥陀如来の浄土を「無量光明土」と示してくださいました。阿弥陀如来の浄土は限りない光に満ちあふれた世界、あらゆる闇を破る阿弥陀如来の智慧が限りなくはたらき続けるさとりの世界です。浄土に生まれたならば、無量の光のはたらきによって、どのような煩悩も、さとりの功徳へと転ぜられます。私たちは阿弥陀如来に導かれ、光の浄土に往き生まれさせていただくのです。

例話 2

ご冥福をいのる?

ポイント　光の浄土

以前、お参りに寄せていただいたご門徒のお宅で、こんなご質問を伺ったことがあります。

「浄土真宗では『ご冥福を祈る』というフレーズは使わないと聞いたのですが、それはなぜですか?」

ご門徒は五十代の男性の方でしたが、お話を伺うと、どうやら友人との何気ない会話の中でそのことを耳にされ、疑問を持たれたということでした。

「そうですね、浄土真宗では亡き方にご冥福をお祈りする必要がないからです。しかしそれには理由がございます。例えば『冥福』の『冥』の字をご覧になられてどういった印象を受けられるでしょうか？」

「う〜ん、どうもいいイメージが湧いてきませんね。やっぱり暗〜い印象を抱かされる字のように感じます」

私の質問に対し、ご門徒は率直な思いを答えてくださいました。そして次のようなお話をさせていただきました。

「じつは、『冥福』の『冥』を辞書で調べると、『暗い』という意味があると説明されています。しかしどうでしょう。阿弥陀さまのお浄土は暗い迷いの世界ではなく、光にみちあふれたさとりの世界であると説かれています。お念仏の教えをよろこばれた先人の方がたは阿弥陀さまの光のお浄土へ往き生まれておいでです。ですから浄土真宗ではご冥福をお祈りすることはないのですね」

「なるほど、そんな理由があったのですか……。私たちが普段何気なく使用している言葉には、意味も分からず使っている言葉が沢山あるものですね。私も元気な間に家族に『父さんは阿弥陀さまのお浄土に生まれさせていただくから、父さんが死んだ時には冥福を祈る必要はないからな』と伝えておかなければなりませんね」

浄土真宗では「お浄土に往き生まれる」という言葉を大切にさせていただきます。お念仏のみ教えをいただかれ、先立って往かれた大切な方がた。その方がたはすでに光のお浄土へと往き生まれ、仏さまと成っていらっしゃるのですから。

〈例話②〉とみ教えの関連

亡くなられた方が行く世界を「冥土」と表現することがありますが、この場合の「冥」は「くらい」という意味であり、「冥土」は暗い迷いの世界のことを指します。『広辞苑』（第六版）には、「死者の霊魂が迷い行く道。また、行き着いた暗黒の世界」とあります。また「冥福」については、「死後の幸福。人の死後の幸福を祈るために仏事を修すること。追善」とあります。これらの考え方は、「無量光明土」である阿弥陀如来の浄土にはまったく当てはまらない表現です。生前にお念仏をよろこんだ人は、この世界での命を終えた後、どこか暗い世界で迷ったりはしません。阿弥陀如来に導かれて、光の浄土へと生まれさせていただくのです。自分にとって大切な方やお念仏をよろこばれた方がたに対して用いる言葉だからこそ、お聖教のお言葉に基づいて味わわせていただきたいものです。

例話 3

凡情がそのままで、さとりの仏に

ポイント

①凡　情
②さとりの功徳

私が入寺したお寺のご門徒に、三十代のころから聴聞を重ねてこられたという九十三歳のおじいちゃんがおられました。ある日、私は率直な疑問をおじいちゃんに投げかけてみました。

「おじいちゃん、九十三年も生きてきてどうでしたか?」

私自身が九十年も生きるとは思っていないので、単純にそれを尋ねてみたくなったのです。

それに対して、さばさばとした性格ではっきりものを言うタイプのおじいちゃんは、すぐさまこう応えました。

「どうでした？　わしはまだ死んどらんぞ」

……日本語って難しいですね。私は、少し動揺しつつ、

「ああ、ごめんなさい。そういう意味ではなくて、九十三年生きてきて、いまどんな気持ちなのかなあと思って……」

と伝えると、今度はおじいちゃんは「うーん」と唸りながら、しばらく考え込みました。

そこで出てきた言葉がこうです。

「あっという間やったな……」

もちろん、いろんな出来事があったと思います。しかし、最初に出てきた言葉は、それでした。さらにしばらく間があった後、おじいちゃんは、ぼそっとつぶやくように言いました。

「お医者さんから、あんたの命はあと三年やと言われたら、わしはひっくりかえるぞ」

この言葉を聞いて、「それは、そうですよね～」と思いつつ、黙って頷きました。

しかし、じつを言うとこの言葉を聞く前、「これほど聴聞を重ねてきた人だから、ある程度お浄土参りの準備ができている部分もあるのかな」と勝手に想像していた自分がいて、それがとても恥ずかしくなりました。浄土往生に対する安堵の思いはあっても、慣れ親しんだこの世界から離れたくない思いが強くて当然です。元気だったおじいちゃんは、この年の秋に往生を

とげられました。

〈例話③〉とみ教えの関連……

『歎異抄』第九条に、親鸞聖人と著者（『歎異抄』の著者については諸説ありますが、現在では、唯円房と見る説が有力です）とのやりとりがあります。『歎異抄』の著者はこう尋ねます。

念仏《ねんぶつ》申《もう》し候《そうら》へども、踊躍歓喜《ゆやくかんぎ》のこころおろそかに候《そうろ》ふこと、またいそぎ浄土《じょうど》へまゐりたきこころの候《そうら》はぬは、いかにと候《そうろ》ふべきことにて候《そうろ》ふやらんと、申《もう》しいれて候《そうら》ひしかば、

（『註釈版聖典』八三六頁）

【現代語】

念仏しておりましても、おどりあがるような喜びの心がそれほど湧いてきませんし、また少しでもはやく浄土に往生したいという心もおこってこないのは、どのように考えたらいいのでしょうか

（『歎異抄（現代語版）』十四頁）

それに対して親鸞聖人は、次のように仰せになりました。

親鸞《しんらん》もこの不審《ふしん》ありつるに、唯円房《ゆいえんぼう》おなじこころにてありけり。よくよく案《あん》じみれば、

天《てん》にをどり地《ち》にをどるほどによろこぶべきことをよろこばぬにて、いよいよ往生《おうじょう》は一《いち》定《じょう》とおもひたまふなり。よろこぶべきこころをおさへてよろこばざるは、煩悩《ぼんのう》の所為《しょい》なり。しかるに仏《ぶつ》かねてしろしめして、煩悩具足《ぼんのうぐそく》の凡夫《ぼんぶ》と仰《おお》せられたることなれば、他力《たりき》の悲願《ひがん》はかくのごとし、われらがためなりけりとしられて、いよいよたのもしくおぼゆるなり。また浄土《じょうど》へいそぎまゐりたきこころのなくて、いささか所労《しょろう》のこともあれば、死《し》なんずるやらんとこころぼそくおぼゆることも、煩悩《ぼんのう》の所為《しょい》なり。久遠劫《くおんごう》よりいままで流転《るてん》せる苦悩《くのう》の旧里《きゅうり》はすてがたく、いまだ生《うま》れざる安養浄土《あんにょうじょうど》はこひしからず候《そうろ》ふこと、まことによくよく煩悩《ぼんのう》の興盛《こうじょう》に候《そうろ》ふにこそ。なごりをしくおもへども、娑婆《しゃば》の縁尽《えんつ》きて、ちからなくしてをはるときに、かの土《ど》へはまゐるべきなり。いそぎまゐりたきこころなきものを、ことにあはれみたまふなり。これにつけてこそ、いよいよ大悲大願《だいひだいがん》はたのもしく、往生《おうじょう》は決定《けつじょう》と存《ぞん》じ候《そうら》へ。踊躍歓喜《ゆやくかんぎ》のこころもあり、いそぎ浄土《じょうど》へもまゐりたく候《そうら》はんには、煩悩《ぼんのう》のなきやらんと、あやしく候《そうら》ひなましと云云《うんぬん》。

（『註釈版聖典』八三六―八三七頁）

【現代語】

この親鸞もなぜだろうかと思っていたのですが、唯円房よ、あなたも同じ心持ちだったのですね。よくよく考えてみますと、おどりあがるほど大喜びするはずのことが喜べないから、ますます往生は間違いないと思うのです。喜ぶはずの心が抑えられて喜べないのは、煩悩のしわざなのです。そうしたわたしどもであることを、阿弥陀仏ははじめから知っておられて、あらゆる煩悩を身にそなえた凡夫であると仰せになっているのですから、本願はこのようなわたしどものために、大いなる慈悲の心でおこされたのだなあと気づかされ、ますますたのもしく思われるのです。

また、浄土にはやく往生したいという心がおこらず、少しでも病気にかかると、死ぬのではないだろうかと心細く思われるのも、煩悩のしわざです。果てしなく遠い昔からこれまで生れ変り死に変りし続けてきた、苦悩に満ちたこの迷いの世界は捨てがたく、まだ生れたことのない安らかなさとりの世界に心ひかれないのは、まことに煩悩が盛んだからなのです。どれほど名残惜《なごり》しいと思っても、この世の縁が尽き、どうすることもできないで命を終えるとき、浄土に往生させていただくのです。はやく往生したいという心のないわたしどものようなものを、阿弥陀仏はことのほかあわれに思ってくださるのです。このようなわけであるからこそ、大いなる慈悲の心でおこされた本願はますますたのもしく、往生は間違いないと思います。

（『歎異抄（現代語版）』一五―一六頁）

このように煩悩のしわざで、早く浄土へ往生したいという殊勝な気持ちもおこらず、苦悩している存在だからこそ、救わずにはおれないとはたらいているのが、如来の大いなる慈悲の心です。私たちが名残惜しく思いつつも、この世の縁が尽きて、力なく命を終える時、浄土へと導くのが、阿弥陀如来の大悲大願です。

例話をうけて

私たちは、この世の縁が尽きてしまった後、どうなってしまうのでしょうか。世間を見渡せば、いろいろな考えをもった人がいるようですが、大きくふたつのタイプに分けられそうです。ひとつは、目には見えないが、何かしらの実体的な世界があると考える人たちです。もうひとつは、「死んだらおしまい」と考えるタイプです。仏教では、前者を有見、後者を無見と定義して、どちらも誤った考えであると教えています。「正信偈」に「ことごとくよく有無《うむ》の見《けん》を摧破《さいは》せん（有無の邪見をすべて打ち破り）」（『註釈版聖典』二〇四頁、『顕浄土真実教行証文類（現代語版）』一四六頁）とあるとおりです。そもそも、この世のいのち終えた後の世界は、私たちの知識や経験で推し量って、知ることができる世界ではありません。

浄土真宗は、阿弥陀如来の本願に出あって、念仏申す身となった人は、この世の縁の尽きる時、如来の浄土に生まれるという教えです。浄土とは、暗い世界や恐れの世界ではなく、限りない光に満ちた世界です。

『歎異抄』に「地獄《じごく》は一定《いちじょう》すみかぞかし」（『註釈版聖典』八三三頁）といわれるように、本来ならば、地獄にいく他はない私たちを間違いなく光の浄土へと導くのが、阿弥陀如来の本願力の広大なはたらきです。

教学的背景の解説

浄土は生死の迷いを超えたさとりの世界です。それに対して、私たちがいま生きている世界は、煩悩に満ちあふれた穢土《えど》であります。穢土とは、浄土に対する言葉で、煩悩や罪悪にまみれた世界のことです。

浄土とは「きよらかな世界」といった意味です。この浄土という言葉をきくと、私たちはどんな世界を想像するでしょうか。さまざまなきらびやかな装飾がなされた世界をイメージするでしょうか。それとも、先立たれたあの人がいる世界を想像するでしょうか。あるいは、仏さまがいらっしゃるきよらかな世界を想像するでしょうか。いずれにせよ、私たちの想像する範囲には限界があります。しかし、私たちは、すがたかたちがなければ、まったくイメージすることもできません。そのために、さだまったかたちをもたないさとりの領域から、浄土が具体的なすがたをとって、私たちに示されるのです。

親鸞聖人は、浄土を「無量光明土」であると表現されます。この光明は、さとりのはたらきです。阿弥陀如来の浄土は、無量の光明として、いまこの世界で生きている私たちに対して、はたらきかけられているのです。

私たちは、さまざまなかたちで浄土往生を願うかもしれませんが、浄土の側からは、それを問題とせずに、その無量の徳で、摂め取って決して捨てないとはたらいているのです。親鸞聖人がつくられた「正信偈」に、よく一念喜愛《いちねんきあい》の心《しん》を発《ほっ》すれば、煩悩《ぼんのう》を断《だん》ぜずして涅槃《ねはん》を得《う》るなり。
凡聖《ぼんしょう》・逆謗《ぎゃくほう》斉《ひと》しく回入《えにゅう》すれば、衆水海《しゅすいうみ》に入《い》りて一味《いちみ》なるがごとし。

（『註釈版聖典』二〇三頁）

【現代語】

信をおこして、阿弥陀仏の救いを喜ぶ人は、自ら煩悩を断ち切らないまま、浄土でさとりを得ることができる。凡夫も聖者《しょうじゃ》も、五逆のものも謗法《ほうぼう》のものも、みな本願海に入れば、どの川の水も海に入ると一つの味になるように、等しく救われる

（『顕浄土真実教行証文類（現代語版）』一四四―一四五頁）

と阿弥陀如来の救いの広大なはたらきを讃嘆されています。この世界では煩悩を断ち切ることはできませんが、阿弥陀如来の本願力によって、浄土へ生まれるならば、いかなる煩悩も浄土と同じさとりの功徳へと転ぜられるのです。

美しき西方浄土

美《うつく》しき西方浄土《さいほうじょうど》

経典《きょうてん》には、阿弥陀如来《あみだにょらい》の西方浄土《さいほうじょうど》が、清《きよ》らかな蓮華《れんげ》が咲《さ》き、麗《うるわ》しくかざられた、さとりの浄土《じょうど》として説《と》かれている。

親鸞聖人《しんらんしょうにん》は、安楽浄土《あんらくじょうど》のさまざまなありさまを、

法蔵願力《ほうぞうがんりき》のなせるなり

と仰《おお》せになる。

美《うつく》しい浄土《じょうど》のありさまは、「迷《まよ》いの凡夫《ぼんぶ》を我《わ》が国《くに》に生《う》まれさせ、必《かな》ずさとりに導《みちび》きたい」という阿弥陀如来《あみだにょらい》の願《ねが》いの力《ちから》によってできあがっている。

凡夫《ぼんぶ》は、さとりの世界《せかい》に背《せ》を向《む》け、迷《まよ》いの世界《せかい》にあり続《つづ》けている。阿弥陀如来《あみだにょらい》はそれを哀《あわ》れみ、さとりの内容《ないよう》を凡《ぼん》夫《ぶ》に応《おう》じて示《しめ》される。美《うつく》しくかざられた安楽《あんらく》の世界《せかい》を、夕《ゆう》陽《ひ》の沈《しず》む西方《さいほう》に建立《こんりゅう》して、凡夫《ぼんぶ》の到《いた》るべき世界《せかい》を指《さ》し示《しめ》し、浄土《じょうど》に生《う》まれさせてさとりに導《みちび》かんと願《ねが》われるのである。

〈聖典のことば〉

安楽仏土《あんらくぶつど》の依正《えしょう》は
法蔵願力《ほうぞうがんりき》のなせるなり
天上天下《てんじょうてんげ》にたぐひなし
大心力《だいしんりき》を帰命《きみょう》せよ

『浄土和讃』（『註釈版聖典』五六一頁）

▼出典解説

これは『浄土和讃』の一首です。『浄土和讃』は、経典などによって阿弥陀如来とその浄土の徳を讃嘆した和讃です。阿弥陀如来の浄土の荘厳功徳を讃嘆されています。

▼現代語

阿弥陀如来の安楽浄土の仏・菩薩などの聖者方のありさまや、浄土の宝池や宮殿楼閣などのありさまは、法蔵菩薩の四十八願によってできたものである。その浄土のすぐれていることは、天上天下に比べるものがない。このようにすばらしい浄土を建立された弥陀の大きな願心の力を帰命せよ。

（『聖典セミナー　浄土和讃』一〇九―一一〇頁）

〝浄土の荘厳〟を味わう

安楽仏土とは、阿弥陀如来の浄土のことです。阿弥陀如来は、十方の衆生を救いとるために、浄土をきらびやかに荘厳されました。ご和讃にある「依正」とは、依報と正報のことです。依報とは、仏・菩薩の依りどころとなる国土のことで、宝樹、宝池、宮殿、楼閣などの荘厳のことです。正報とは、正しき果報のことで、阿弥陀如来や浄土の菩薩がたを指します。これらは、すべて法蔵菩薩の願力が成就した結果です。この願力は、ひとえに法蔵菩薩の十方の衆生を救いたい、浄土へ迎え入れたいという願心よりおこったものです。

そのようにしてできあがった阿弥陀如来の浄土は、他に比類するものがありません。私たちの世界も、ある意味では願いによって、できあがっているといえます。しかしそれは、豊かな生活を送りたい、健康な生活を送りたいといった自己中心的なものがほとんどです。それに対して、法蔵菩薩の願いは、「大心力」と讃えられるように、大いなる願心の力によるものです。その願いが、私たち一人ひとりにかけられているのです。

例話 1

西方と示された意味

ポイント

①西方浄土
②指方立相

経典には、阿弥陀仏の浄土は西方にあると説かれています。なぜ西方にあると説かれるのでしょうか。それは、東からのぼる太陽を人生のはじまり、西に沈む太陽は人生の終焉を象徴していると捉えることができるからです。

有名な大阪の四天王寺は、創建当時、門前のすぐそこまで海があり、西門のあたりから、その中に沈んでいく夕日を見ることができたそうです。平安時代から鎌倉時代にかけて活躍した歌人・藤原家隆は、晩年に死期が迫ってきたことをさとり、その近くに移り住み、夕陽庵《せきようあん》を結びました。西に沈む夕日を見て、極楽浄土に思いを馳《は》せたと伝えられます。この夕陽庵が夕陽《ゆうひが》丘《おか》という現在の地名の由来であるとされます。今でもお彼岸《ひがん》には、四天王寺の西門から、真西に沈む美しい太陽を望むことができます。

しかし現代の科学的立場から、「本当に西方に浄土があるのだろうか」と考える人も少なくないかもしれません。確かにこの地球上で、ずっと西に進んでいったとしても、道理の上からは、地球を一周するだけです。あるいは、ロケットに乗って、真西にまっすぐ進めば、この地球を離れて、宇宙に飛び出しますが、そこをずっと進んでも、お浄土があるとは思えません。こうして考えてみると、科学の発達した現代においても、乗り物で行くことはできませんし、望遠鏡で浄土の世界を観測したり、科学的に証明したりすることもできません。だからといって、「浄土なんてないではないか」と考えるのは、凡夫の論理ではないでしょうか。

浄土は、私たち人間のはかり知ることのできない世界です。しかしそれでは、どの方角に向かって手を合わせればいいのかわかりません。そこで、「西方」と示されるのです。お浄土は、この世界の西方のどこかにあるというのではなく、私たちが浄土に思いを寄せる際に、そのよすがとして西という方処が定められているのです。

太陽が沈む西の方角は、命の終わりを象徴しています。阿弥陀如来は、大悲のお心で、その西の方角から私たちによびかけておられるのです。そして西方にとらわれるままに、本来方角で示すことのできない真実の世界へと願力によって導かれていくのです。浄土に思いを馳せる時、方角を示してくださった仏さまのおこころを味わわせていただきましょう。

〈例話①〉とみ教えの関連

『仏説阿弥陀経』には、

これより西方《さいほう》に、十万億《じゅうまんおく》の仏土《ぶつど》を過《す》ぎて世界《せかい》あり、名《な》づけて極楽《ごくらく》といふ。その土《ど》に仏《ぶつ》まします、阿弥陀《あみだ》と号《ごう》す。いま現《げん》にましまして法《ほう》を説《と》きたまふ。（『註釈版聖典』一二一頁）

【現代語】

ここから西の方へ十万億もの仏がたの国々を過ぎたところに、極楽と名づけられる世界がある。そこには阿弥陀仏と申しあげる仏がおられて、今現に教えを説いておいでになる。

（『浄土三部経（現代語版）』一二八頁）

とあります。この「十万億の仏土を過ぎて」の「過」には「勝過」の意味があります。すなわち、阿弥陀如来の浄土は、十万億の仏土を超え勝れたという意味があります。お浄土が私たち凡夫の感覚では量り知ることができない世界であるということです。

天親菩薩の『浄土論』には、浄土について「究竟如虚空　広大無辺際（究竟《くきょう》して虚空《こくう》のごとく、広大《こうだい》にして辺際《へんざい》なし）」（『浄土真宗聖典全書 一』四三三頁、『註釈版聖典七祖篇』二九頁）とあり、『高僧和讃』には、「安養浄土《あんにょうじょうど》の荘厳《しょうごん》は　唯仏与仏《ゆいぶつよぶつ》の知見《ちけん》なり　究竟《くきょう》せること虚空《こくう》にして広大《こうだい》にして辺際《へんざい》なし」（『註釈版聖典』五八〇頁）と浄土の広大さを讃えています。これらのお示しによれば、阿弥陀如来の浄土は無相無辺であり、方角は指定されていません。ところが、それでは私たち凡夫とは接点をもちえません。だから、阿弥陀如来は西方に指定し、そこに建立されたのです。そして釈尊は浄土の方処を西方であると指し示されています。このように阿弥陀如来が、方処を指定し、有相の浄土を建立されたことを「指方立相」といいます。私たちが西方の浄土を願生するままに、如来の本願力によって、本来、空間的に限定することのできない浄土（無方無相）に生まれていくのです。その生まれ方は、迷いの生死を繰り返すような生ではなく、さとりの世界へと生まれていく仕方での生（無生の生）です。そのようにして凡夫が真実の浄土へと導かれるのです。

例話 2

彼岸への道

ポイント

到彼岸

春分の日、秋分の日を中心にした一週間がお彼岸です。お彼岸は、日本独自の仏教行事で、平安時代にはじまったといわれています。この「彼岸」とは、迷いの世界である「此岸《しがん》」に対する言葉です。ですから、「彼岸」とは、さとりの世界であるお浄土を意味しています。

ところで、この「彼岸」とは、詳しくいうと「到彼岸《とうひがん》」となります。この言葉から考えると、お彼岸は、お浄土に往生された方がたのことを思うとともに、自分自身の浄土往生やさとりを念ずる仏教行事であったとうかがえます。ですから、私たち念仏者は、お彼岸の仏事では、先立たれた方がたに思いを馳せるとともに、私たちもまた「到彼岸」の道を歩ませていただいていることを見つめさせていただきたいものです。本来、仏教では、彼岸への道のりは、厳しい修行が必要となります。しかし、浄土真宗は、阿弥陀さまの願力によって、彼岸への道を歩ませていただく教えです。

親鸞聖人は、『高僧和讃』「龍樹讃」に、

生死《しょうじ》の苦海《くかい》ほとりなし
　ひさしくしづめるわれらをば
弥陀弘誓《みだぐぜい》のふねのみぞ

のせてかならずわたしける

（『註釈版聖典』五七九頁）

と讃嘆されています。この生死の苦しみの世界は、岸が見えない大きな海のようなものです。ひとり迷いの海に投げ出されたら、とても泳いでわたりきることはできません。ただ沈むばかりの私です。しかし、阿弥陀如来の願船に乗せられて、この苦海をわたっていくことができるのです。阿弥陀如来は、「泳いでわたりきる力を身につけなさい」というのではありません。船に乗らなければ沈むほかはないこの私たちに対して、条件を設けることなく、そのまま船に乗せてくださるのです。

厳しい修行を完成することができない人のために、阿弥陀さまが立ちあがってくださいました。お念仏をいただいた人は、いままさに西方のお浄土へ向かう道程を歩んでいるのであり、この息が絶え終わった時が、お浄土へ生まれるときです。この此岸で厳しい修行を完成させなければならないのであれば、間に合わない人も多いことでしょう。そんな私たちのために阿弥陀さまが、本願名号を成就してくださったのでした。この生死の迷いの海から、彼岸へと渡っていく航路は、阿弥陀さまの船に乗せられて歩む道でありました。

〈例話②〉とみ教えの関連

「彼岸」とは、梵語のパーラミターの訳語であり、「到彼岸」とも訳されます。彼岸は「彼《か》の岸」のことですが、それは単なる向こう岸ということではなく、生死の迷いを超えたさとりの世界という意味をもっています。また、迷いの世界である「此岸」に対する言葉でもあります。梵語のパーラミターは音写で「波羅蜜《はらみつ》」と音写されることもあります。波羅蜜とは、語源的には「もっともすぐれた状態」「完成」「完全」を意味します。このさとりに到るために修する菩薩の行として、六波羅蜜行があげられます。六波羅蜜とは、①布施、②持戒、③忍辱、④精進、⑤禅定、⑥智慧、の六つの行のことです。これらを修することで、到彼岸できる、つまり、さとりの世界にいくことができるのです。ところが布施一つとりあげても、自己中心的な煩悩があるために、たいへんな難行となって、成就できそうにありません。まして六つの行ができるはずがありません。

このような私たちのすがたを見て、阿弥陀如来は、みずからが六波羅蜜の行をされ、その功徳を六字の名号にこめて、私たちにふりむけられたのです。私たちは、阿弥陀如来の願力によって、彼岸への道を歩ませていただきます。この道はいつも阿弥陀如来に支えられ、大悲につつまれて歩む道です。

例話 3

あかねの雲は美しきかな

ポイント　西方浄土

龍谷大学の教授に土橋秀高先生（一九一四―一九八四）という方がおられました。当時、龍谷大学の定年は、六十五歳でしたが、土橋先生は定年より五年早い六十歳の時に龍谷大学教授を辞任されます。それは、ご自坊の法務に専念されるためでした。また、ご子息が東京の大学で教鞭をとられることになったこともきっかけのひとつだったようです。

それから約一年後、先生の奥さまがご往生されます。さらにその一年後、ご自坊の本堂が全焼してしまいます。本堂については、ご門徒のご懇念もあって、二年半後に再建されます。

しかし、本堂再建の直前、東京で単身赴任されていたご子息に電話をしても通じません。一週間ほどして、土橋先生が上京されますと、そこで、すでに亡くなられていたご子息のすがたを目にします。東京で火葬をし、京都に帰られます。その時、ご子息の腕時計を形見として持って帰られたそうです。そして京都・山科に再建されたまっさらの本堂で葬儀を行いました。

まったくの一人となった土橋先生が詠われた短歌です。

親おくり　妻先にゆき子のいそぐ
　茜の雲は美しきかな

逝きしあと　なおも動けるこの時計
　永きいのちの尊さを思う

夕日に照らされてかがやくあかね色の雲を見て、また、ご子息の形見の時計を見ながら何を思われたのでしょう。お浄土に生まれていった尊さを偲ばれたのでしょうか。先を急いだご子息のことを悔恨し憂悩されたのでしょうか。さまざまな思いが去来する凡情の雲に浄土から慈光が届いていることを感じられたのでしょうか。

※この例話は、淺田正博著『他力への道』（百華苑　一七三―一八七頁）の内容を要約し、著者の承諾を得て、ここに転載させていただきました。

〈例話③〉とみ教えの関連

沈む夕日を見て、お浄土へ先立たれた方がたに思いを馳せる方も多いのではないでしょうか。その思いは一様ではないと思います。浄土があることのよろこびもあれば、この愛別離《あいべつり》苦《く》に対する悔恨や憂悩、愛する人への執着も出てくることでしょう。その別れを納得することができず、時には腹が立つこともあるかもしれません。こうした凡情がさまたげとならないのが阿弥陀如来の救いです。「正信偈」に、

摂取《せっしゅ》の心光《しんこう》、つねに照護《しょうご》したまふ。すでによく無明《むみょう》の闇《あん》を破《は》すといへども、
貪愛《とんない》・瞋憎《しんぞう》の雲霧《うんむ》、つねに真実信心《しんじつしんじん》の天《てん》に覆《おお》へり。
たとへば日光《にっこう》の雲霧《うんむ》に覆《おお》はるれども、雲霧《うんむ》の下《した》あきらかにして闇《やみ》なきがごとし。

（『註釈版聖典』二〇四頁）

【現代語】

阿弥陀仏の光明はいつも衆生を摂め取ってお護りくださる。すでに無明の闇ははれても、貪《むさぼ》りや怒りの雲や霧は、いつもまことの信心の空をおおっている。しかし、たとえば日光が雲や霧にさえぎられても、その下は明るくて闇がないのと同じである。

（『顕浄土真実教行証文類（現代語版）』一四五頁）

とあります。阿弥陀如来の光が、私の心にひろがる闇を破ってくださいます。しかし、この私の貪愛・瞋憎といった煩悩の雲霧が真実信心を覆い隠してしまうこともあります。それでも、阿弥陀如来の光は、その雲霧の下を明るく照らしてくださいます。通常、仏教では煩悩はさとりへのさまたげ・障《さわ》りとなります。しかし阿弥陀如来の摂取の心光は、障りであるはずの煩悩が障りとならない救いです。

例話をうけて

阿弥陀如来は、さとりの世界を凡夫に応じて、美しくかざられた安楽の世界として示されました。それは、かたちのましまさぬさとりの世界（無相）をそのまま示すのであれば、私たち凡夫には、イメージすることもまったくできないからです。それでは、私たちはむしろさとりの世界に背を向けて、ますます迷いを深めるだけのことでしょう。こうした理由から、阿弥陀如来は、安楽浄土を、夕日の沈む西方に建立して、凡夫の到るべき世界を指し示してくださったのです。

本来、さとりの世界は、かたちで見せたり、方角で示したりすることもできない性質のものです。しかし、ここに迷う凡夫のために、阿弥陀如来は、かたちを示し、方角を指定してくださったのでした。私たちが、西方の浄土を願うままに、本願のはたらきによって、真実の世界、無量光明土へと導かれるのです。

この論理を譬喩で示されるのが、曇鸞大師の『往生論註』にある氷上燃火の釈です（『註釈版聖典七祖篇』一二六頁）。それは、氷の張った池の上で、美しくかざられた浄土へ生まれたいと願う火を燃やせば、火の熱で氷が溶けて、真如法性の水になり、その水によって、有相の浄土を願生する火も消えるというたとえです。私たちが浄土に生まれたいと願う中に、さまざまな思いがあります。さとりの世界に生まれさせていただけることをよろこぶ人がいるかもしれません。あるいは沈む夕日を見て、先立った愛しい人に会いたいという思いを馳せることもあるかもしれません。それぞれの思いは、まちまちであっても、南無阿弥陀仏の功徳によって、あらゆる人を浄土へ迎えとるとはたらいているのが、阿弥陀如来です。

教学的背景の解説

経典には、阿弥陀如来の浄土が西方に十万億の仏の世界を過ぎたところにあると説かれています。仏国土が方角で示されるのは、阿弥陀如来に限ったことではありません。たとえば、『仏説阿弥陀経』「六方段」には、東南西北下上の六方のそれぞれに、さまざまな仏さまがいらっしゃることが説示されます。

阿弥陀如来の浄土が西方にあることは、『仏説無量寿経』では、阿難尊者の問いかけによって、説かれます。すなわち、釈尊が法蔵菩薩について、その発願と修行について説かれた後、阿難尊者が、

法蔵菩薩は、仏となって、すでに世を去られたのでしょうか。あるいはまだ仏となっておられないのでしょうか。それとも仏となって、今現においでになるのでしょうか。

（『浄土三部経（現代語版）』四六頁）

と問われます。その問いに釈尊がこたえて、

法蔵菩薩はすでに無量寿仏という仏となって、現に西方においでになる。その仏の国はここから十万億の国々を過ぎたところにあって、名を安楽という。

（『同』四七頁）

とお示しになります。ここで釈尊は、阿難尊者の問いかけに対して、方角と距離と名前を具体的に示すことによって、阿弥陀如来（無量寿仏）が間違いなく存在することを明らかに示されたのです。

それではなぜ西という方角で示されたのでしょうか。道綽禅師の『安楽集』には、太陽が没していく西の方角であることが理由のひとつに挙げられています。これは、私たちの認識の仕方に合わせて、限定的に示された仏さまの慈悲のお心と味わうべきでしょう。

阿弥陀如来の浄土が西方にあると示され、美しくかざられた世界であると示されることは、「迷いの凡夫を我が国に生まれさせ、必ずさとりに導きたい」という阿弥陀如来（法蔵菩薩）の願いの力によって、できあがっているのです。このように浄土が建立されたことは、それがそのままに願力のはたらきであり、私を仏道に向かわしめようとする願いが、はたらきとなったものなのです。

かならず再び会う

かならず再《ふたた》び会《あ》う

先立《さきだ》った方々《かたがた》を思《おも》えば、在《あ》りし日《ひ》の面影《おもかげ》を懐《なつ》かしく思《おも》うとともに、言《い》いようのない寂《さび》しさを覚《おぼ》える。
親鸞聖人《しんらんしょうにん》は、お弟子《でし》に宛《あ》てた手紙《てがみ》の中《なか》で仰《おお》せになる。

浄土《じょうど》にてかならずかならずまちまゐ（い）らせ候《そうろ（う）》ふべし

再《ふたた》び会《あ》うことのできる世界《せかい》がそこにある。今《いま》ここで、同《おな》じ信心《しんじん》をいただき、ともに阿弥陀如来《あみだにょらい》の救《すく》いにあずかっている。だからこそ、かならず浄土《じょうど》に生《う》まれて再《ふたた》び会《あ》える確《たし》かさを、今《いま》よろこぶことができる。

本願《ほんがん》の教《おし》えに出《で》あえた時《とき》、今《いま》ここで救《すく》われ、再《ふたた》び会《あ》うことのできる世界《せかい》が恵《めぐ》まれる。

〈聖典のことば〉

この身《み》は、いまは、としきはまりて候《そうら》へば、さだめてさきだちて往生《おうじょう》し候《そうら》はんずれば、浄土《じょうど》**にてかならずかならずまちまゐらせ候《そうろ》ふべし。**

『親鸞聖人御消息』（『註釈版聖典』七八五頁）

▼出典解説

このご文は『親鸞聖人御消息』のお言葉です。「御消息」とは、親鸞聖人が関東から京都に帰られて往生されるまでに、関東各地の門弟に与えられたお手紙のことです。「御消息」を通して、当時の真宗教団の動静や、晩年の親鸞聖人の信心の領解をうかがうことができます。

▼現代語

わたしは今はもうすっかり年老いてしまい、きっとあなたより先に往生するでしょうから、浄土で必ずあなたをお待ちしております。

（『親鸞聖人御消息　恵信尼消息（現代語版）』八四頁）

〝倶会一処の浄土〟を味わう

この世に生をうけた者は、いつか必ず命を終えていかねばなりません。浄土真宗は本願のはたらきによって、浄土に往生することを説く教えです。阿弥陀如来によって建てられた浄土こそ、親鸞聖人をはじめ、先立って往かれた大切な方がたが私を待っておられる処に他なりません。別れの寂しさは尽きることはありませんが、お浄土で待っているということをいま知らせていただくことで、再び会えることをよろこぶことができます。

例話1

分骨のご縁

ご本山へ団体参拝をさせていただいた時に、みなさんと大谷本廟にお参りして、何名かの方が納骨もされました。その時、ご門徒のある方がこうおっしゃいました。

「本廟への納骨は、慣習的にするものだと思っているのですが、そもそもどうして大谷本廟に分骨するのですか?」

その方はお母さまを亡くされて、それほど日が経っていない若い方です。

そう尋ねられた私は、「親鸞聖人のおそばに」「手を合わせる機会が増える」などのことをお伝

ポイント

倶会一処

えしたように記憶しています。その時のご門徒は何となく腑に落ちないような表情をされたことが心に残っています。そうしているうちに納骨です。納骨所の鍵を開けますと、たくさんの納骨容器が私たちの目に飛び込んできます。すると、一緒にお参りされていた他のご門徒の方がたの会話が耳に入ってきました。

「あの人もここにいてはるわ」

「もう十年になるかぁ」

「みんなお浄土にいかはったんやなぁ。私らもそろそろや」

こうして故人を偲びつつ、みなさんと一緒にお勤めをしました。

後日のことです。分骨の質問をされたご門徒が、私にこう話してくれました。

「他のご門徒の方がたと同じところに納骨することができ、母もよろこんでいると思います。なんとなくではありますが、お浄土があることのありがたさを感じました」

納骨所の中にある多くのご遺骨にまみえて、そして他の先輩がたの心情を聞いて、理屈ではなく情感として、「お浄土で会う」ということを感じることができたのかなと思えるご縁でした。

〈例話①〉とみ教えの関連……………………

阿弥陀如来の浄土は目に見える世界でもなく、手にとって触れることのできる世界でもありません。あるいは、いまこの肉体をもって行ける世界でもなければ、頭で思考して理解できる世界でもありません。それは私たち凡夫の思いやはからいを超えた、量り知ることの出来ない仏の世界です。しかし、さまざまな思いを抱いて、浄土の世界を想像することもあるかもしれません。亡くなったあの人は、いまどんなところにいるのだろうか、と。いまは浄土にいる、懐かしい方がたにもう一度会いたいと思うのが凡夫の心情でもあります。

阿弥陀如来はそのような私たちの凡情までも見抜かれた上に、本願を誓われ、浄土を建立されました。私たちは、さまざまな縁をとおして、お浄土に先立たれた方がたを偲びます。浄土に往かれたことを偲ぶ中に、私もいずれそこに往かせていただくのだ、そして再び会えるのだというよろこびを感じることができるのです。浄土の世界は決して私たちの思いを否定するものではなく、むしろこの私の凡情をこそ包み込んでくださる世界です。

例話 2

今は会えないの？

ポイント

南無阿弥陀仏のはたらき

息子のお通夜で、弔問に来てくださるご門徒の皆さま方にお礼を申しておりましたら、一つ気づいたことがありました。それは、この方も子どもさんを亡くしておられる、この方も子どもさんを亡くしておられる、ということでした。それぞれの方がたのお葬式を、私がしてきたのですが、「どれほど、その方がたのお気持ちがわかっていただろうか」ということを思わずにはおれませんでした。

家族に先立たれた方がた、逆縁にあわれた方がたに、私は、『仏説阿弥陀経』というお経の中に〈倶会一処《くえいっしょ》〉というお言葉があります。〈一処〉というのは、仏さまの世界のことで、〈倶会一処〉というのは、ともにお浄土で会うということです。つらいでしょう、寂しいでしょう、でもやがてお浄土で会う世界があるんですよ」と言って来ました。それで間違いないと思っていました。

けれども、今回のことで、少し違うのではと思うようになりました。それはやがてお浄土で会えるのだから、今はつらく寂しいけれども、辛抱しなさいだったら、親鸞聖人のおっしゃる教えとは違うのではないか。それでは、今はつらく寂しいけれども、それを辛抱して、我慢しなさいということになる。そうではなくて、亡くなっていった方がたが、南無阿弥陀仏のはたらきとなって、私のところに届いてくださる。だから、今、会っているのです。今、会っているからこそ、やがてお浄土で、また再び会うことができる。それが「倶会一処」ではないかと思うようになりました。

※この例話は、森田眞円著『埋み火』（本願寺出版社　七八―八四頁）の内容を要約し、著者の承諾を得て、ここに転載させていただきました。

〈例話②〉とみ教えの関連……………………

浄土真宗では現生正定聚《げんしょうしょうじょうじゅ》が説かれます。現生正定聚とは「現生（この世）において、正しく仏となることに決定《けつじょう》しているなかま」という意味です。阿弥陀如来の本願力によって信心をめぐまれた者は、阿弥陀如来の摂取不捨の救いにあずかっているので、必ず仏となる身に定まります。確かに浄土へ往生し、仏と成らせていただくのはこの私の命が尽きた時ですが、浄土へ往生することに定まるのは、私が生きる現生をおいてほかにありません。

今、この私に向かって「必ず救う、まかせよ」と、絶えず、よび続けてくださっているのが「南無阿弥陀仏」のよび声です。浄土へ往生された亡き方がたも、阿弥陀如来とともに、「南無阿弥陀仏」のはたらきとなって、私のもとに至り届いてくださっています。お念仏をいただくところに、浄土におられる方がたとすでに会うことができているのです。

例話 3

待っていてくれる人

ポイント

倶会一処

こんなお話を聞いたことがあります。

ある女性が結婚された当初、毎年、お正月になると実家へ帰省され、実家のご両親との時間を過ごされていたそうです。実家へ帰るとご両親はいつもニコニコと笑顔で「おかえり」といって、実の娘である女性を温かく迎え入れてくれたそうです。女性も実家へ帰ると、やはり心が落ち着くのか、何の気兼ねもなく心身共にリフレッシュして嫁ぎ先の家へと戻っていかれました。

しかし、結婚して数年が経ったころ、ご両親が相次いで亡くなられます。女性はご両親を亡くされた後も、しばらくは弟夫婦が住んでおられる実家へ毎年帰省されていたそうです。もちろん、弟夫婦もせっかく訪ねて来てくれた女性に無礼なことなどされません。弟のお嫁さんも「いらっしゃい」と女性を丁重に迎え、お接待をしてくださっていたようですが、それはかつて父母がいた頃の雰囲気とは別なものであったそうです。実家に帰り丁重なおもてなしをいただくことは確かに有り難いことではありますが、そこは以前のように心が落ち着く場所ではなかったようです。女性はいわれます。

何より「おかえり」といって出迎えてくれる人がいなくなったのが一番寂しいことでした。弟の嫁に「いらっしゃい」と出迎えられたときに思いました。あぁ、もうここには「おかえり」といって私を待っていてくれる親はいないのだな……と。私がどこにいようと、いつでも待っていてくれる人がいるということが何よりの安心であり、大切な場所であったと、親を亡くして今更ながら気づかせていただきました。

「おかえり」と「いらっしゃい」。何気なく聞こえてくるこの二つの言葉には大きな響きの違いを感じます。それは私を待っていてくれる人がその場所におられるか、おられないかということなのかもしれません。

〈例話③〉とみ教えの関連……………………

日ごろ親しんでいる『仏説阿弥陀経』に、「諸上善人、倶会一処」とあります。これを書き下せば、「かくのごときの諸上善人《しょじょうぜんにん》とともに一処《いっしょ》に会《え》することを得《う》ればなり（これらのすぐれた聖者たちと、ともに同じところに集うことができるからである）」（『註釈版聖典』一二四頁、『浄土三部経（現代語版）』二二三頁）となります。つまり、阿弥陀如来の浄土を指して、そこは「倶会一処（倶《とも》に一つ処で会う）」の世界であると説かれています。親鸞聖人も「御消息」に、「かならずかならず一《ひと》つところへまゐりあふべく候《そうろ》ふ」（『註釈版聖典』七七〇頁）と「倶会一処」の教えを味わい、そして別の「御消息」では、「この身《み》は、いまは、としきはまりて候《そうら》へば、さだめてさきだちて往生《おうじょう》し候《そうら》はんずれば、浄土《じょうど》にてかならずかならずまちまゐらせ候《そうろ》ふべし」（『同』七八五頁）といわれています。浄土こそ同じ信心を賜った者が再び出会わせていただく「一処」であり、この私が往生させていただく処にほかなりません。阿弥陀如来や親鸞聖人、そして私にとって大切な方がたが必ず待っていてくださるお浄土があればこそ、今の私は安心した日暮らしを送らせていただくことができるのでしょう。

例話をうけて

大切な人を亡くした時、私たちは、死が他人事ではなくなります。残された人にとっては、死がすべての終わりとなるならば、ただむなしさだけが心を支配するかもしれません。仏教が説く苦しみの一つに愛別離苦《あいべつりく》があります。愛別離苦とは、愛する人、愛しい人との別離の苦しみです。特に大切な人の死は、場合によっては、自分の死よりも、もっと苦しいものです。覚如《かくにょ》上人の『口伝鈔』第十七条には、こうあります。

たとひ未来《みらい》の生処《しょうじょ》を弥陀《みだ》の報土《ほうど》とおもひさだめ、ともに浄土《じょうど》の再会《さいかい》を疑《うたがい》なしと期《ご》すとも、おくれさきだつ一旦《いったん》のかなしみ、まどへる凡夫《ぼんぶ》として、なんぞこれなからん。

（『註釈版聖典』九〇五頁）

たとえ浄土での再会が間違いないものであっても、愛する人に先立たれる悲しみが大きいのは、凡夫としては当然のことです。この闇に迷う凡夫のために、阿弥陀如来は、ともに悲しみ、ともに涙を流され、そして慈しみの心で寄り添ってくださるのです。

そして阿弥陀如来は、そんな私たちのために、お浄土をご用意してくださいました。私たちは亡くなって終わってしまうと思っているいのちが、お浄土に生まれていくいのちだったのです。親鸞聖人は、「浄土《じょうど》にてかならずかならずまちまゐらせ候《そうろ》ふべし」（『同』七八五頁）という言葉を残してくださいました。

先立たれた方がたは、いま阿弥陀如来の浄土にいて、さとりの仏となっているのだ、そう思える時、別れの悲しみや苦しみ、寂しさが、少しやわらいでくるかもしれません。すべてがおしまいになったわけではありません。浄土でさとりを開かれた方がたは、さとりの仏となって、いまここにはたらきかけているのです。

そして、この私がいのち終える時、再び会える世界があると思えれば、悲しみや苦しみのなかに、あたたかさがめばえてくることでしょう。再び会えることをいまよろこぶことができる、これが浄土真宗の教えです。

教学的背景の解説

『仏説阿弥陀経』には、「倶会一処」の浄土について、次のように説かれます。

舎利弗《しゃりほつ》、衆生聞《しゅじょうき》かんもの、まさに発願《ほつがん》してかの国《くに》に生《しょう》ぜんと願《ねが》ふべし。ゆゑはいかん。かくのごときの諸上善人《しょじょうぜんにん》とともに一処《いっしょ》に会《え》することを得《う》ればなり。

（『註釈版聖典』一二四頁）

【現代語】

舎利弗よ、このようなありさまを聞いたなら、ぜひともその国に生れたいと願うがよい。そのわけは、これらのすぐれた聖者たちと、ともに同じところに集うことができるからである。

（『浄土三部経（現代語版）』一二三頁）

との説示があります。ここにいう「聞く」ことの内容とは、極楽浄土のすばらしい荘厳、阿弥陀如来の無量の功徳のことです。こうした功徳を聞くならば、おのずと浄土へ生まれたいという心がおこってきます。しかし、はからいを容易には捨てられない凡夫である私たちがいます。そこで『仏説阿弥陀経』では、六方恒沙の諸仏たちが、阿弥陀如来の極楽浄土と念仏往生の教えをほめたたえて、間違いない教えであることを証明するのです。

このように浄土へ往生することを勧める理由は、浄土の聖者（諸上善人）とともに一処に会することができるからです。この「ともに一処に会する」というのは、漢訳では「倶会一処」とされ、墓石にも刻まれるなど、ひろく知られた言葉です。

親鸞聖人は、覚念房《かくねんぼう》（『御消息』には、「かくねむばう」とありますが、詳細は不明で、「交名牒」に「真仏―顕智―覚念」とある覚念という人物であると思われます）の往生を高田の入道からの手紙で知らされて、返書に「かならずかならず一つところへまゐりあふ」と認《したた》められています。この「一つところへまゐりあふ」というのは、まさしく『仏説阿弥陀経』の倶会一処のことです。念仏者は、ともに同じ信心をいただいているから、必ず阿弥陀如来の浄土に生まれて、再び会うことができるのです。そして、いまここで再び会うことをよろこぶことができるのです。「親鸞聖人のことば」として本文中に引用されている『御消息』では、「浄土にてかならずかならずまちまゐらせ候ふべし」とありますが、ここには、如来の本願力によって間違いなく浄土に往生することの確信に満ちています。そして「浄土で待っている」という表現からは、「証果の悲用」として、聖人が浄土からいつでも還ってきて教化していると見てとることができます。こうした教えに導かれて、私たちも他力の信心をいただくならば、阿弥陀如来の浄土に往生して、浄土の聖者に相見えることができるのです。極楽浄土は、このようにして、私たちが救われていく世界です。

参考文献一覧

土橋　秀高『雲わき雲光る』（永田文昌堂、一九八七）
梯　實圓『妙好人のことば』（法藏館、一九八九）
瓜生津隆真『聖典セミナー・阿弥陀経』（本願寺出版社、一九九七）
黒田　覚忍『聖典セミナー・浄土和讃』（本願寺出版社、一九九七）
霊山　勝海『聖典セミナー・親鸞聖人御消息』（本願寺出版社、二〇〇六）
淺田　正博『他力への道』（百華苑、二〇〇〇）
浅井　成海『悲しみをこえる人生』（法藏館、二〇〇一）
霊山　勝海『正信偈を読む』（本願寺出版社、二〇〇二）
森田　眞円『埋み火』（本願寺出版社、二〇〇四）
内藤　知康『安心論題を学ぶ』（本願寺出版社、二〇〇四）
内藤　知康『やわらかな眼』（本願寺出版社、二〇〇五）
溪　宏道『法話 阿弥陀経』（探究社、二〇〇八）
朝枝　暁範『お聴聞のよろこび』（探究社、二〇一一）
浅井　成海・満井　秀城『みんなで称える親鸞さまの詩―「宗祖讃仰作法」和讃解説―』（本願寺出版社、二〇一一）
浄土真宗必携『み教えと歩む』（本願寺出版社、二〇一二）

あとがき

二〇一二年度から、教学伝道研究センターが、浄土真宗本願寺派総合研究所と名称を改め、宗門の伝道によりいっそう貢献すべく、鋭意、研究活動をすすめています。当研究所には、教学伝道研究センター時代から継続して、伝道方法研究部会が設置されています。当部会は、これまで、布教伝道に関する情報提供を大きな目的の柱として研究業績をかさねてきました。聞法・伝道教団である宗門にとって、伝道は最重要課題の一つであり、具体的、実践的な情報や資料などの提供を行い、また寺院活動の方向性や可能性を打ち出していくことを目指しています。具体的には、教学伝道研究センター時代より、ホームページにおいて、法話作成に資する情報、布教上の作法、伝道活動の紹介など、布教伝道をこころざす僧侶をサポートする様々な情報を提供しています。

そのなかで、二〇一一年度の四月には、親鸞聖人七五〇回大遠忌にあたって発刊された書籍『拝読 浄土真宗のみ教え』（二〇〇九年）をもとに、法話作成に資する例話素材集を編集・作成する企画が持ち上がりました。内容をどういったものにするのか、読者対象をどういった人にするのか、などが検討された結果、本書のような体裁となりました。

『拝読 浄土真宗のみ教え』のなかにある「親鸞聖人のことば」には、宗祖親鸞聖人の珠玉のことばが、根本に据えられています。本書は、これらを讃嘆のテーマとして、法話を作成するヒントになるような書籍になりました。また、研究所として刊行するうえでは、教学的な押さえをしっかりとしていただきたいという思いから、少し難しいと思われる部分もありますが、み教えの内容についても立ち入っています。

原稿を作成し、部会で検討し、さらに校正に時間を費やして、ようやくの発刊となりました。本書を読み、み教えにふれていただき、阿弥陀如来の救いに思いを致し、布教伝道に活用していただければ、有り難く存じます。布教伝道は、自分の思いを伝える機会ではなく、阿弥陀さまを讃嘆する法縁です。釈尊がそうされたように、苦悩する人びとの声を聞き、そこに救いをもたらす阿弥陀さまの声を聞き、ともに聞法していく場所が増えることを願っています。そして本書の発刊がそれに資することとなり、仏法にひたる機会が多くつくられることを願っています。

なお、二〇一一・二〇一二年度の伝道方法研究部会の構成メンバーは以下のとおりです。

委託研究員　貴島信行
委託研究員　村上泰順
上級研究員　武田慶之
研　究　員　竹本了悟
研　究　員　赤井智顕
研　究　生　武末直也

※以下のメンバーは二〇一一年度のみの参加
常任研究員　葛野洋明（二〇一二年度は、研究協力者として助言いただいた）
臨時勤務員　禿　定心
臨時勤務員　釋氏真澄
研　究　生　谷口智子
研　究　生　冨島信海

拝読　浄土真宗のみ教え（改訂版　布教読本）

二〇一三年　五月一日　初　版　発行
二〇二一年　五月一日　改訂版第一刷発行
二〇二一年十一月一日　第二刷発行

編集　浄土真宗本願寺派総合研究所

発行　本願寺出版社
〒六〇〇－八五〇一
京都市下京区堀川通花屋町下ル
浄土真宗本願寺派（西本願寺）
電　話　〇七五－三七一－四一七一
FAX　〇七五－三四一－七七五三
【本願寺出版社ホームページ】
https://hongwanji-shuppan.com/

印刷　朝陽堂印刷株式会社

ISBN978-4-86696-022-7 C0015　YC02-SH2-②11-12